8. Heimatschrift für das östliche Unterallgäu

Flößerei auf der Wertach

Alois Epple

Dem großen Geographen, Pädagogen und Lebensschützer
Alfred Sommer
gewidmet
zum 80. Geburtstag

9 783758 381966

© 2024 Alois Epple
Herstellung und Verlag: BoD – Books on Demand, Norderstedt
ISBN: 9783758381966

Vorwort

Die Flößerei auf Iller und Lech war nicht nur bedeutender, sie ist auch besser erforscht, als die Flößerei auf der Wertach.[1] Aber auch auf der Wertach wurde geflößt. Hierzu gibt es Material im Staatsarchiv in Augsburg. Auch in einigen Lokalgeschichten wird hierüber berichtet.

Die Arbeit zieht sich schon über mehrere Jahre hin. Es gab nie einen konkreten Anlass, sie fertig zu stellen. Allmählich machte sich Lustlosigkeit breit. Ich hoffe, dass man dies diesem Büchlein nicht zu sehr anmerkt und über Tippfehler ohne Ärgernis hinweg liest. Hauptziel dieses Büchleins ist, auf das Phänomen der Wertachflößerei aufmerksam zu machen.

Falls in den Fußnoten nicht erwähnt, wurden hier folgende Quellen ausgewertet:

StA Augsburg: Kurbayerische Herrschaften, Akten 1835 (Floßfahrten auf der Wertach bei Türkheim 1742 – 1766)

StA Augburg: Bezirk Schwaben 14064 (Die Floßfahrt auf der Wertach)

StA Augsburg: Fürststift Kempten, Archiv Akten 1967

StA Augsburg: Fürststift Kempten, Archiv Akten 2335

---

[1] So ist bei Josef Bärtle: Die Flößerei auf schwäbischen Flüssen, Stuttgart 1933, die Wertachflösserei gar nicht erwähnt!

Inhalt

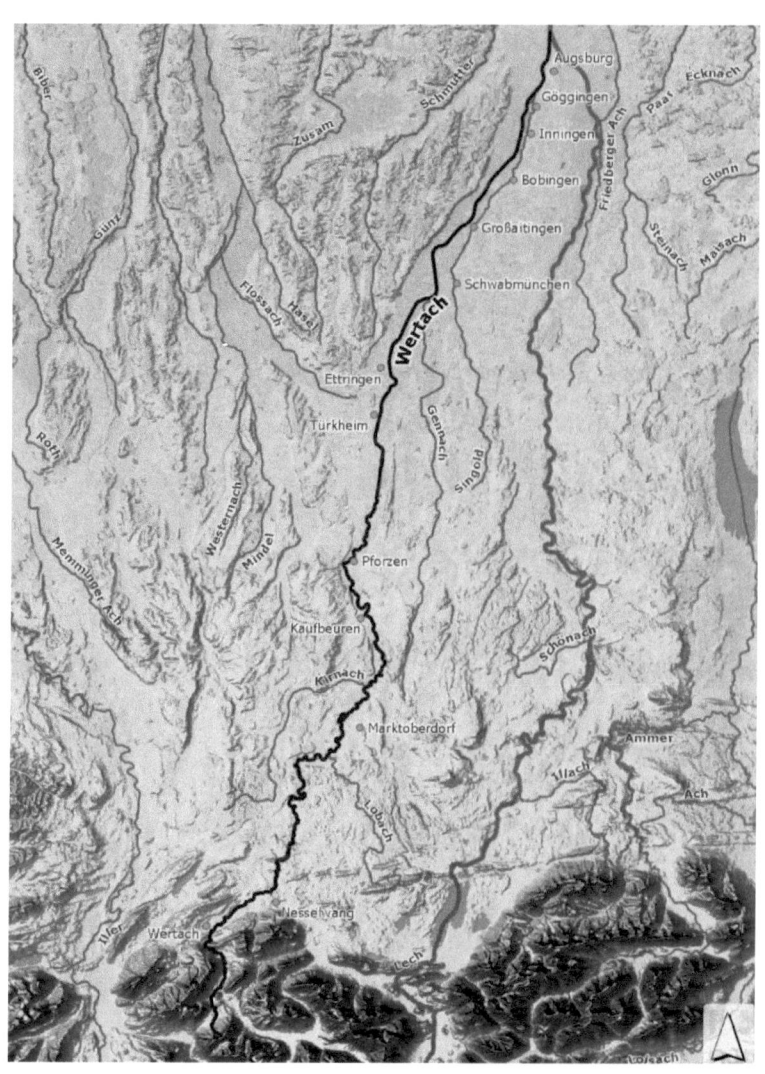

Reliefkarte vom Einzugsgebiet der Wertach

Geographie

Verlauf der Wertach

Die Wertach entsteht im südöstlichen Oberallgäu durch den Zusammenfluss des Kaltenbrunnenbaches und des Eggbaches zwischen Oberjoch und Unterjoch und fließt nach Norden. Früher war es ein typischer Gebirgs- und Voralpenfluss mit breitem, sich ständig verlagerndem Flussbett, ausgedehnten Schotterbänken und übers Jahr stark wechselnder Wasserführung.

Bei Türkheim liegt die sogenannte „Wertachgabel". Hier geht der flache Talboden nach Westen hin ohne Höhenunterschied in den weiten Talboden der kleineren Flossach über. Nach der letzten Eiszeit floss die Wertach hier zeitweise durch das Flossachtal zur Mindel.

Im nördlichen Stadtgebiet Augsburgs mündet die Wertach in den Lech.

Zuflüsse zur Wertach

Zu den größeren am Alpenrand entspringenden Nebenflüssen, welche in die Wertach einmünden, zählen die Starzlach und der Waldbach. Ab jetzt erhält die Wertach vom Westen nur kleinere Bäche, während im Osten die bedeutenderen Flüsse Gennach und Singold[2] ungefähr parallel zur Wertach fließen. Die Gennach fließt dann in der Höhe von Schwabmünchen in die Wertach. Als letzten Zufluss nimmt die Wertach in Göggingen über den aus- und dann wieder rückgeleiteten Fabrikkanal die Singold auf.

linke Zuflüsse	rechte Zuflüsse
Kaltenbrunnenbach (Quellbach)	Eggbach (Quellbach)
Weißenbach	Weißenbach
Starzlach	Mühlbach
Peterlesbach	Holderbach
Eberlesbach	Reichenbach
Sennenbach	Katzenbächle
Waldbach	Kessengraben
Luttenbach	Lobach
Fürgenbach	Geltnach
Kirnach	Siechengraben
Eybach	Spittelbach
Irseer Bach	Schwarzach

---

[2] Bis 1588 gehörte die Singold noch nicht zum Flussgebiet der Wertach. Sie floss an Augsburg vorbei und mündete als Senkelbach in den Lech. Am 6. September 1588 brach die Singold nach heftigem Regenwetter nördlich von Göggingen in die Wertach aus. 1589 grub man weiter flussabwärts einen neuen Anstich von der Wertach zum alten Bett der Singold, dem heutigen Holzbach und ein Wertachwehr wurde gemauert, um Wasser aus der Singold, welche ja in die Wertach durchgebrochen war, zu gewinnen und der Flößerei die Möglichkeit zu geben, an eine stadtnähere Lende zu gelangen. StAAugsubrg, Regierung 14064

Riedgraben

Gennach

Scharlach

Feldgießgraben

Diebelbach

Singold

Einzugsgebiet der Wertach

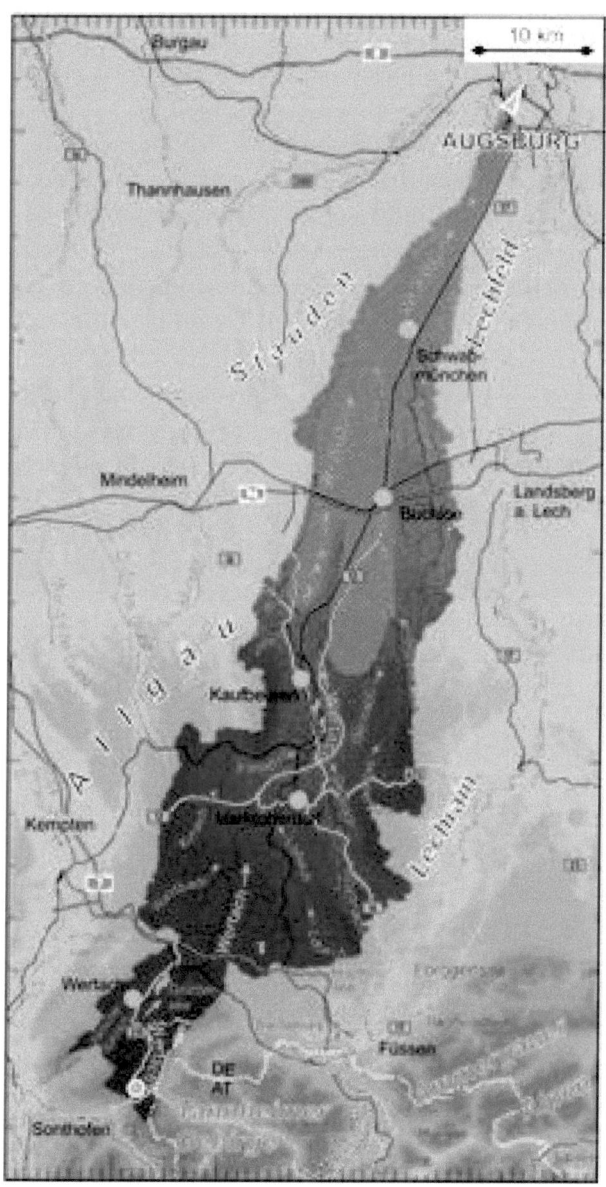

Das Einzugsgebiet der Wertach ist 35,10 km^2 groß. Bis etwas nördlich des Grüntensees ist das Einzugsgebiet der Wertach recht schmal. Dann erweitert es sich. Zahlreiche kleinere Bäche und Zuflüsse speisen sie nun. Durch die Zuflüsse von Lobach, Kirnach und Geltnach verdoppelt sich das bisherige Einzugsgebiet. Danach verschmälert sich das Einzugsgebiet. Seit der letzten Eiszeit drängte die Wertach, wie übrigens auch der Lech, ab der Mündung der Kirnach nach Westen. Das Einzugsgebiet wird asymmetrisch. Allerdings fließen die größeren östlichen Zuflüsse Gennach und Singold noch ein Stück parallel zur Wertach, so dass das größere Einzugsgebiet einstweilen keine vermehrte Wasserzufuhr vom Osten her für die Wertach bedeutet. Erst ab Schwabmünchen erhöht die Gennach die Wasserführung der Wertach wesentlich. Das Einzugsgebiet verengt sich nun auch im Osten bis zur Mündung in den Lech.

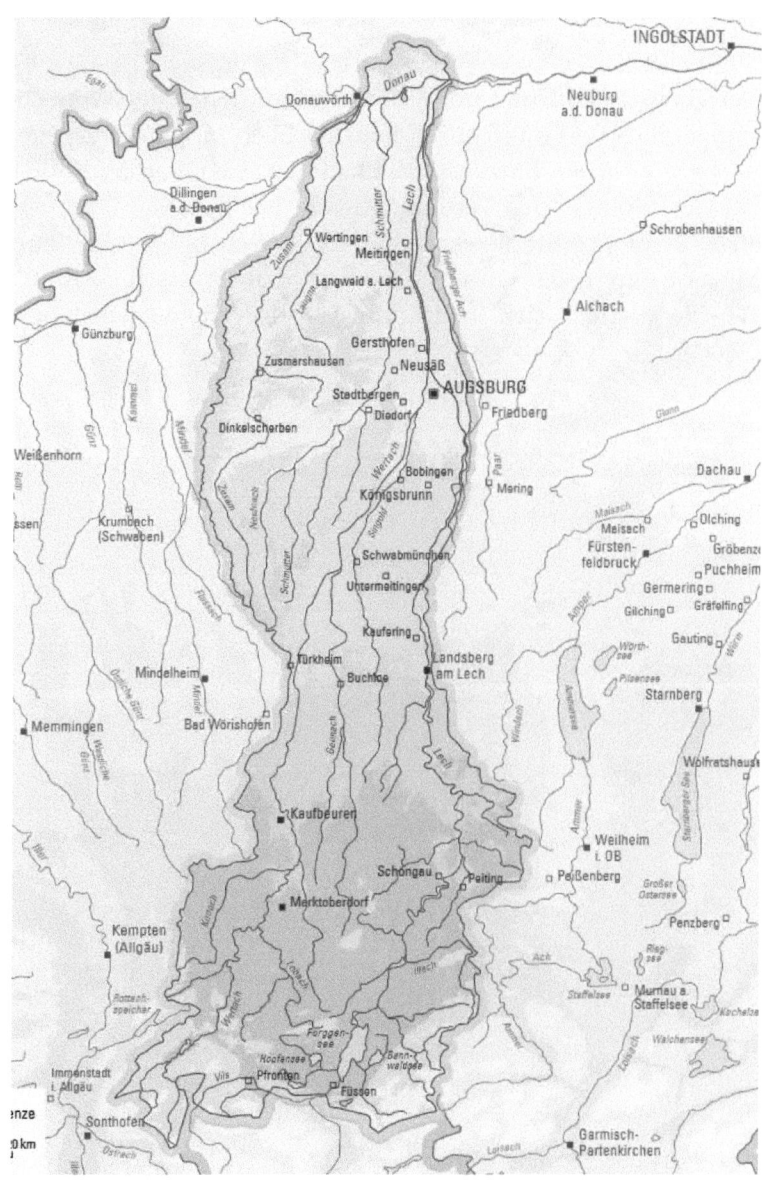

Einzugsgebiet von Wertach, Lech, Schmutter und Zusam

Geologie

Der geologische Untergrund des Einzuggebietes der Wertach sind südlich von Kaufbeuren hauptsächlich Jungmoränen. Im davon nördlichen Einzugsgebiet befindet sich Quartärschotter auf der Molasse des Tertiärs. Sowohl bei den Moränen, als auch beim Schotter sickert der Niederschlag gut bis zur Molasse durch oder wird durch Bäche in die Wertach geleitet. Wo die Wertach sich in die Molasse einschneidet entstehen Quellen.

Klima

Je näher man zu den Wertachquellen nach Süden kommt, umso mehr nimmt der Jahresniederschlag zu. So ist der Jahresdurchschnittswert (1981 – 2010) in

Augsburg	767 mm,
Türkheim	987 mm,
Kaufbeuren	1154 mm.

Je weiter man nach Süden geht, um so niedriger werden die Jahresdurchschnittstemperaturen. Es gibt mehr Schneetage und die Schneeschmelze setzt später ein.

Der Wasserpegel der Wertach variiert übers Jahr stark. Besonders zur Zeit der Schneeschmelze im Frühjahr kann die Wertach Hochwasser führen. Allerdings dauert die Schneeschmelze, welche sich auf die Wasserführung der Wertach auswirkt, nicht lange, da das Einzugsgebiet nicht weit hinein und hinauf in die Berge reicht.
Längere Regenperioden lassen den Fluss rasch anschwellen. Im Winter, wenn der Niederschlag als Schnee gebunden ist, sowie im Sommer und Herbst, wenn es im Einzugsgebiet wenig Niederschlag gibt, führt auch die Wertach wenig Wasser. Heute gleichen einige Stauseen diese Schwankungen der Wasserführung etwas aus.

Frühe Geschichte der Flößerei

Es wird erwähnt, dass schon *seit Karl dem Großen* auf der Wertach geflößt wurde.[3] Den erste Hinweis zur Flößerei auf der Wertach gibt es 1301.[4] Das Kloster Irsee gestattete in diesem Jahr, mit Genehmigung von König Albrecht (1255 – 1308) und auf Geheiß der Klostervögte Heinrich und Konrad Ramschwag, seinen Müllern, für die Floßfahrt nach Augsburg, an der Wertach Durchlässe zu errichten[5] und ein Augsburger Baumeister verhandelte mit dem Kloster Irsee über die Holzflößerei auf der Wertach nach Augsburg[6].

1304 wird der Stadt Augsburg die Floßfahrt durch die Wertachbrücke bei Hiltenfingen erlaubt[7], der Abt von Irsee und Hermann von Agawang erlauben den Augsburgern das Flössen auf der Wertach in ihrem Gebiet[8] und die Augsburger dürfen an den Wertachwehren bei Thalhofen und Pforzen

---

[3] Franz Essenwanger: Aus der Geschichte des Dorfes Irsingen, ²Buchloe 1935; Der Wasserbau an den öffentlichen Flüssen im Königreich Bayern, II. Bd., 1886, S. 100

[4] Vgl. Text zur Ausstellung Klaus-Dieter Körber: Alles fließt! Flößerei in Augsburg, auf dem Lech und der Donau, 07.07.–07.10.2018 im Grafischen Kabinett in Augsburg; auch erwähnt bei Peter Nowotny: An den Ufern der Wertach, Immenstadt 2001

[5] Alex Schilcher: Geschichte des Dorfes Schlingen, 1957, S. 99; Walter Pötzl: Die Geschichte des Klosters Irsee im Mittelalter, in: Das Reichsstift Irsee, Weißenhorn 1981, S. 11

[6] Christoh Emmendörffer u.a (Hg.): Wasser Kunst Augsburg, Regensburg, 2018, S. 47

[7] Urkundenbuch der Stadt Augsburg 1, S. 156 (Chr. Meyer 13054); Josef Deißler: Flößen auf Lech und Wertach, in: Alt Füssen Nr. 1,2, 4. Jg.; Rudolf Vogel (Hg.): Landkreis Schwabmünchen, ²Augsburg 1975, S. 194 (Vogel meint, dass es sich hier um den ältesten Nachweis der Floßfahrt auf der Wertach handelt!)

[8] Der Wasserbau an den öffentlichen Flüssen im Königreich Bayern, II. Bd. 1886, S. 100

gegen eine Bezahlung von 20 Pfund Heller Floßdurchfahrten anlegen.[9]

CXCIV.

Hermann von Agawang zu Hiltenfingen verspricht dem Rathe und den Bürgern der Stadt Augsburg, für die ungehinderte Flossfahrt durch die Wertachbrücke zu Hiltenfingen Sorge tragen zu wollen.

1304, 1. Februar.

In nomine domini amen. Ich Herman von Agenwanch der ze Hiltolvingen mit haus sizet tun kunt allen den die disen briefe lesent, hôrent oder sehent, das ich durch der ersamen leute bet und durch iren willen der rautgeben und der burger von Augspurg, die mir gutlich tund und getan habent, gelobt han, daz ich schaffen und machen sol, daz man mit holz, mit flôszen auf der Werttach durch die prugge ze Hiltolvingen geruwigelichen gefaren mag und faren sol, und das man von der prugg wegen nyeman irren sol. Und han von in darumb sôlichen dienst genomen, den sy mir gerne und williglichen getan habent, und schaffe auch mit allen minen erben und mit allen minen nachkomen, das sy das hinfuro immer mer stät haben sullen an der selben brugg. Das des niht ver-gezzen werde, han ich in gegeben disen briefe versigelt und gevestent mit minem insigel, das daran hanget.

Da das geschach da zalt man von Christes gepurte driuzehen hundert jar darnach in dem vierden jare, an unser frawen abent ze der liechtmesse.

Herwart'sche Urkunden-Sammlung.

aus dem „Augsburger Urkundenbuch, Bd. I, Augsburg 1874, S. 156

Floß-Gerechtig-keit auf der Wertach. Um selbige Zeit erhielte der Rath von dem Abbt Heinrich zu Yrsee, und An-no 1304. von Hermann von Agawang, gegen Erlag einer gewissen Summe Gelds, das Recht, auf der Wertach auf ewig und ungehindert durch derselben Gebiet mit Flössen zu fahren.

Hein-

Heinrich, Abbts zu Yrsee, Bewilligungs-Brief, das Floß-Recht auf der Wertach betreffend, de dato an St. Andreas-Abend 1301. Dergleichen von Hermann von Agawang an U. F. Abend zu Liechtmeß 1304. R. LXVII. Lit. B.

aus: Paul von Stetten: Geschichte der Stadt Augsburg, Bd.I, S. 86/87

---

[9] Der Wasserbau an den öffentlichen Flüssen im Königreich Bayern, II. Bd. 1886, S. 100; L. Weißflach: Die Wertachflößerei, in: Kaufbeurer Geschichtsblätter, Bd. 8, Nr. 4, 1978, S. 111 - 115

1345 soll bei der Hammerschmiede bei Pforzen ein Wehr mit einer Floßgasse gebaut worden sein.[10] Im gleichen Jahr erwirbt die Stadt Augsburg das Recht, bei der Mühle in Altdorf (Biessenhofen) und bei Thalhofen ein Floßwehr in der Wertach zu errichten.[11] Vielleicht baute man in diesem Jahr bei der Hammerschmiede, nördlich von Kaufbeuren, eine Floßgasse.

1346 bestimmt Kaiser Ludwig (1282 oder 1286 – 1346), dass man mit den *larn* [leeren] *und beladen Flözzen auf der Wertach von dem Ursprung nutz in den Lech fahren sollen und mögen Und mer on nuzen an unser on allermands irrung und hindernis. Und mer das in das nemand wern oder sie davon irren oder beschrenken wolle wer dann die selben angreife und beschädigem, es sein die Burger von Augspurg oder anders iemand, die habet der an wider uns noch wider das Reich...*[12] Noch 1743 wendet sich der Kemptener Abt Reichlin von Meldegg (1743 – 1804) an die stadt Augsburg. Er erinnert an das *privilegium Ludocivianu, de ao 1346*. Allerdings fragt er sich, ob dieses *auf die kemptl. unnd obere algäyl. wertach* angewendet werden kann, da die Wertach nicht ganzjährig geflost werden kann. *sondern nur bey anfallendem grossen gewässer* [Wasserfühung] und *nur geringe, und zu keinem kommercio* selbe sich umb so weniger anmassen sollen.

---

[10] zit nach Robert Rapp u.a.: Die Wertach, ³Augburg & Nürnberg 2021, S. 39; Peter Nowotny: An den Ufern der Wertach, Immenstadt 2001
[11] Alex Schilcher: Geschichte des Dorfes Sclingen, 1957, S. 99; Josef Deißler: Trift und Flößerei auf Lech und Wertach, in: Alt Füssen, Nr. 1,2, 4, Jg. 1928
[12] StAA, Reichsstadt Augsburg, Urkunde Nr. 102; auch erwähnt bei Siegfried Kaulfersch und Rudolf Fickler: Straße – Flößerei – Post – Eisenbahn, in: Landkreis Unterallgäu, Mindelheim 1987, S. 633; Alex Schilcher: Geschichte des Dorfes Schlingen, 1957, S. 99: Josef Deißler: Trift und Flößerei auf Lech und Wertach, in: Alt Füssen nr 1,2, 4. Jg., 1928; Der Wasserbau an den öffentlichen Flüssen im Königreich Bayern, II. Bd., 1886, S. 100; L. Weißflach: Die Wertachflößerei, in: Kaufbeurer Geschichtsblätter Bd. 8, Nr. 4, 1978, S. 111 - 115

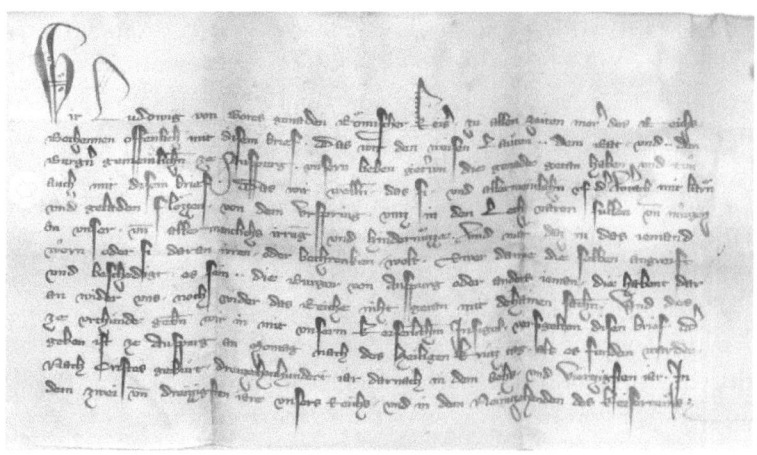

Urkunde von Kaiser Ludwig d. Bayer von 1346

In einer Urkunde von 1347 verspricht Pfarrer Johannes der Wabrer von *Stockham* [Stockheim] den Bürgern von Augsburg, dass die Wertach für den Verkehr mit Flößen offen gehalten werde. Zudem gestattete er zu diesem Zweck den Bau eines Wehrs mit Durchlass an der Mühle.[13]

1437 bestimmt der Rat der Stadt Augsburg, dass die Flösse nicht länger als eine Wochen in den stadtbächen liegen dürfen. Damit sind wohl hauptsächlich die Lechflösse betroffen.[14]

1462 oder 1468 stritt sich die Reichsstadt Augsburg mit Herzog Ludwig IX. von Baiern-Landshut (1417 – 1479). Der Herzog versuchte die Stadt Augsburg vom Umland abzuschneiden. Zu diesem Zweck ließ der Herzog in die Wertach bei Türkheim, Ettringen und Hiltenfingen Pfähle einrammen, um so den Fluss für Flöße, die Holz in die

---

[13] Josef Deißler: Trift und Flößerei auf Lech und Wertach, in Alt Füssen Nr 1,2, 4. Jg. 1928; Peter Novotny; An den Ufern der Wertach, 2001
[14] Josef Deißler: Trift und Flößerei auf Lech und Wertachm, in: Alt Füssen, Nr. 1,2, 4 Jg. 1928

Reichsstadt bringen sollten, zu sperren. Den Augsburgern gelang es jedoch, unter dem Schutz von Bewaffneten, die Pfähle wieder herauszureißen und 40 mit Holz beladene Flöße in die Stadt zu bringen.[15]

Um 1550 erhielt die Stadt Augsburg gnadenhalber vom Hochstift Augsburg, durch dessen Gebiet die Wertach fließt, und Bayern[16] die Erlaubnis, auf der Wertach zu triften.[17]

Am 14. Februar 1557 wendet sich der Bischof von Augsburg, durch dessen hochstiftisches Gebiet die Wertach auch fließt, an den Abt von Irsee wegen der Holzschwemmung.[18]

1760 erkundigt sich Kurfürst Max Joseph (1756 - 1825) beim Hofkammerrat und Pflegskommissario Joseph Anton von Hofweller in Türkheim, ob es bestimmte Vorschriften über die Flößerei auf der Wertach gibt. Hofwellers Antwort lautet, dass man in der Registratur nichts darüber gefunden hat.

---

[15] Alex Schilcher: Geschichte des Dorfes Schlingen, 1957, S. 99; Rudolf Vogel (Hg.): Landkreis Schwabmünchen, ²Augsburg 1975, S. 54; Städtechroniken Bd. 22, S. 219; Johann Georg Lori: Die Geschichte des Lechrains 2. Bd., um 1765, S. 203

[16] Es sind wohl die Herrschaften Mindelheim und Schwabegg gemeint!

[17] Josef Deißler: Trift und Flößerei auf Lech und Wertachm, in: Alt Füssen, Nr. 1,2, 4. Jg. 1928

[18] Walter Eberle: Irseer Flößermetten, in: Kaufbeurer Geschichtsblätter, Bd. 14, Nr. 10, 1998

Was geflößt wurde

Auf der Wertach wurde überwiegend unterschiedlich aufbereitetes Holz geflößt. 1741 wird Fichten und Buchenholz aus Mindelheimr Wäldern zu den Augsburger Bierbrauern geflößt.[19] 1760 bringt ein Stockheimer Flößer geschnittene Laubbäume nach Augsburg, 1764 *Schneid= und Saag-Paumb* und 1831 wird als Floßmaterial auf der Wertach *Bau= Schiff=, Brennholz und andern Waaren=Artikeln*[20] transportiert. 1804 nehmen Flößer von Schlingen auch Brennholz als Beilage auf ihren Flößen nach Augsburg mit.[21]

Manchmal wird auch Baumaterial wie Ziegel[22], Kalk[23], Gips und Tuffsteine[24] auf Flößen transportiert.
- Lehm zur Ziegelherstellung gab es auf den entkalkten Deckenschottern zwischen Augsburg und Kaufbeuren genügend und wurde für viele Baumaßnahmen in der Reichsstadt Augsburg benötigt.
- Kalk, Gips und Tuffsteine (Vorkommen bei Amberg und westlich von Pforzen) wurde in Augsburg für die vielen Baumaßnahmen benötigt. Allerdings benötigte man den Tuffstein auch an Ort und Stelle zur Deckung des Eigenbedarfs. So bestätigt der Ambtmann Rochus Vöstermayr in Türkheim und der Kalchbrenner von Irsingen am 22. Juni 1762, dass sie

---

[19] Josef Deißer: Trift und Flößerei auf Lech und Wertachm, in: Alt Füssen, Nr. 1,2, 4. Jg. 1928, S. 20, 21
[20] Georg Friedrich Kramer: Handbuch für den Oberdonaukreis Augsburg 1831, S. 277
[21] Alex Schilcher: Geschichte des Dorfes Schlingen, 1957, S. 99
[22] Siegfried Kaufersch und Rudolf Fickler: Straße –Flößerei-Post-Eisenbahn, in: Landkreis Unterallgäu, Mindelheim 1987, S. 633
[23] Essenwanger: Aus der Geschichte des Dorfes Irsingen, ²Buchloe 1935
[24] Karl Filser: Die Flößerei in Schwaben um 1850, XI.10 Karte des Hist. Atlas von Bay.-Schwaben

keinen Kalch nach Augsburg verkaufen, sondern nur nach Kirchheim, Babenhausen und Kettershausen. Anton Port, der Schlossbauer von Amberg[25], baut 1762 bei Amberg erstmals Tuff ab und läßt ihn auf zwei Flössen nach Augsburg bringen.

- Die Kalkbrenner in Lechhausen und Friedberg benötigten nicht nur Tuffstein, sondern auch Holz zum Brennen. Beides muss ihnen teils über die Wertach zugeführt werden. 1762 wird erwähnt, dass auf der Wertach *kein Holz für die Kalchöfen in Augsburg bzw. Friedberg dorthin geflößt* wird. Dies erklärt, dass fast ausschließlich schon gebrannter Kalk transportiert wird.

- 1762 will der Kalchbrenner Johann Engelschlag in Lechhausen, dass wieder Kalk nach Augsburg geflößt werden darf, was anscheinend seit 100 Jahren verboten ist.

- 1762 erkundigt sich die Hofkammer in München, ob sowohl *Holz als Duffstain* aus dem kurfürstlichen Gebiet verflößt wird, ob *unseren underthanen durch dessen abkhauffung ainiger nuzen zuegehe* und *ob dardurch besonders nit dem duffStein unseren zohl und Mautt gebühr* zu verlangen ist. Eine Antwort ist, dass in der Herrschaft Schwabegg für die diesigen Kalkbrenner selbst zu wenig Tuff zum Brennen vorhanden ist.

- Am 25. August 1763 schreibt der kurfürstlicher Verwalter der Herrschaften Schwabegg und Angelberg an die kurfürstliche Verwaltung nach München, dass Holz, Kalch und Ziegelwerk aus den

---

[25] Alois Epple: Amberg – Anmerkungen zur Geschichte eines schwäbischen Dorfes, Norderstedt 2022

kurfürstlichen Besitzungen über die Wertach nur mit
Erlaubnis „ausgeführt" werden

1771 sollen 8.000 Krautköpfe von Pforzen nach Augsburg
geflößt worden sein[26] und im 19. Jahrhundert auch Käse[27].
Auch Getreide aus Mittelschwaben soll nach Augsburg auf
der Wertach mit Flößen befördert worden sein.[28]

-   So kauften Augsburger Bierbrauer 1626 in Kaufbeuren
    Getreide, hauptsächlich Gerste, da Getreide in
    Augsburg knapp war, und ließen es nach Augsburg
    flößen.[29]
-   Am 22. August 1648 soll von Scherstetten *Roggen*
    durch die Untertanen an die Wertach gebracht worden
    sein um es *hernach den floßleuthen das schaff umb 7*
    batzen zu verkaufen, die es dann nach Augsburg
    lieferten. Dabei war darauf zu achten, *daß solcher*
    Rotten nit ins Wasser komme, sondern trucken alhero
    [nach Augsburg] *geliefert werde, so wir dann von der*
    Wertach abholen wellen.
-   Auch der *Fruchttransport* von Scherstetten nach
    Großaitingen 1653 dürfte von Großaitingen aus auf

[26] Walter Eberle: Irseer Flößermetten, in: Kaufbeurer Geschcihtsblätter, Bd. 14,
Nr. 10, 1998

[27] Karl Filser: Die Flößerei in Schwaben um 1850, XI.10 Karte des Hist. Atlas
von Bay.-Schwaaben

[28] Rudolf Vogel; Landkreis Augsburg, ²Schwabmünchen1975, S. 194; StAA
Regierung Nr 14063(Flößordnung von 1871/72); Die Forstverwaltung Bayerns,
beschrieben nach ihrem dermaligen Stande München 1861, S. 276; J. Striebel:
Als man auf der Wertach noch flößte (Der Heimatfreund, Beilage der
„Mindelheimer Zeitung", Jg. 6, 1957, Nr. 5; ebd. Jg. 7 1958, Nr. 2; Haider,
Scherstetten I, S. 101 (1648); Festschrift zum IX. Bezirksmusikfest des Bezirkes
Schwabmünschen, bearbeiten von A. Reiß, Schwabmünchen 1970, S. 33;
Augsburger Urkundenbuch Bd. I, Augsburg 1874; S. 156

[29] Joef Deißler: Trift und Flößerei auf Lech und Wertach, in: Alt Füssen Nr.
1,2, 4. Jg. 1928

der Wertach weiter nach Augsburg mit dem Floß befördert worden sein.[30]

- 1684 soll *Korn* nach Kaufbeuren geflößt worden sein, wogegen der Irseer Abt anfangs Einspruch erhob. Damals gaben die Flößer von Pforzen den Getreidetransport auf dem Wasserweg auf.[31]

In einer reichstädtischen Verordnung von Augsburg steht, *Holz, Kohlen und Kalk dürfen länger als drei Tage unverkauft in Augsburg im Wasser liegen bleiben.* Das heißt nun nicht unbedingt, dass auf der Wertach auch Kohlen nach Augsburg geflößt wurden.[32]

---

[30] Alber Haider: Scherstetten – Erkhausen, München 1932/33, I. Teil, S. 101
[31] Walter Eberle: Flößermetten, in: Kaufbeurer Geschichtsblätter, Bd. 14, Nr. 10, 1998
[32] StAA. Akt 1835 vom 9.X.1794

Herkunft des Holzes

Am Oberlauf der Wertach, im Allgäu, gab es viel Wald, dessen Holz vor allem in und um Augsburg benötigt wurde.

- So heißt es im *Fürstl, Kemptl. Cammer Protokol de dato 6. Marty Ao 1674: Hannß Wässerer Hauptmann zu Görißrüedt* [Görisried] *bericht, das von altem hero vil holtz aus dem Wildtberg*[33] *von Görißrüedt unnd anderen so holtz an der wertach haben auf dießer nach Augspurg geflößt worden* [...].
- 1737 erlassen die Wittelsbacher eine *Früchte- und Holzsperre* gegen Augsburg und unterbinden die Flößerei auf dem Lech. Die Reichsstadt muss sich nun umschauen, wie sie ihren Holzbedarf decken kann und kommt auf das Allgäu.[34] Am 29. August 1737 verpflichtet sich der Nesselwanger Amtman den Augsburgern gegenüber, 1000 bis 2000 Klafter Fichtenholz aus Tirol nach Augsburg zu liefern. Für den Klafter müssen die Augsburger 5 fl zahlen. Das Holz soll in der Wertach geschwemmt werden. Da im nächsten Jahr die Sperrung des Lechs aufgehoben wird, fällt der Klafterpreis auf 4 fl 30 xr.[35]
- 1751 werden 31 Bäume aus dem „Höringer Wald", wohl bei Kempten, auf der Wertach nach Augsburg geflößt.
- 1762 wird erwähnt, dass Holz aus dem *allgey* geflößt wird.

---

[33] Heute gibt es noch die Alpe und den Ferienhof „Wildberg", südlich von Görisried.

[34] Josef Deißler: Trift und Flößerei auf Lech und Wertach, in: Alt Füssen Nr. 21, 3. Jg. 1927

[35] Josef Deißler: Trift und Flößerei auf Lech und Wertach, in: Alt Füssen Nr. 21, 3. Jg. S. 1927

Viel Holz wird aus der Gegend um Apfeltrang und anderen Gebieten südlich von Kaufbeuren nach Augsburg geflößt:

- *dito 26.ᵗ Jun: 1742 alhin haben ersehen, was massen dieselbe keinen anstand nehmen das diesseits von dem würth zu apfeltrang* [Apfeltrang] *erkaufte Holz durch das Hochfürstl. kemptische Territorium auf der Wertach herabschwimmen zu lassen*
- 1742 kaufen Augsburger Bierbräuer 1200 Clafter Holz *aus den Waldungen um Apfeltrang bei Kaufbeuren* und lassen es auf der Wertach nach Augsburg triften.
- 1742 soll Holz aus der Herrschaft *Apfltrang* [Apfeltrang] *nebst Kaufbeyr* erkauft und über die Wertach nach Augsburg geflößt werden.
- 1742 kaufen Augsburger Bierbrauer vom Amtmann in Apfeltrang 15000 Klafter Scheitholz aus irseeischem Gebiet. Es soll auf der Wertach nach Augsburg geschwemmt werden. Die Reichsstadt Kaufbeuren ist vorerst dagegen, da der Kaufbeurer Bürgermeister in dem Schreiben, wo es um die Durchflößung durch Kaufbeurer Gebiet geht, falsch tituliert wird. Nur Holz aus Irsee und Osterzell darf vorerst geschwemmt werden. Schließlich wird dieser Titularstreit beigelegt.[36]
- Um 1760 heißt es, dass *die Flosser von Pforzheimb aber pflegen den Einkauf zu und umb Apfeltrang dem fürstl. Stüft Kempten gehörig und zum thaill auch in der ganzen Reichsherrschaft Irsee zu Unterhalten.*
- 1762 kaufen die Augsbruger Bierbrauer wieder Holz *in der Herrschaft Apfeltrang.*

---

[36] Josef Deißler, Trift und Flößerei auf Lech und Wertach, in: Alt Füssen Nr. 21, 3. Jg. S. 20,21

- 4000 Stamb-Holz wurde auch aus dem *augsPurgl:* (= Hochstiftsbesitz) *und Kaufbeierli: Forst* nach Augsburg geflößt
- 1845 soll Holz „aus Biessenhofen" nach Augsburg geflößt werden.[37]
- 1761 kaufen die Flößer aus Pforzen ihr Holz um Aitrang, das zum Fürststift Kempten und der Reichsherrschaft Irsee gehört.
- 1855 wird zum Flößen *Holz südlich von Kaufbeuren* gekauft.[38]

Aus dem Herrschaftsgebiet des Klosters Irsee stammte Holz, welches nach Augsburg geflößt wurde:
- 1740 erwirbt der Augsburger Bierbräuer Hieronymus Maier *aus Irsee* – gemeint ist hier das Herrschaftsgebiet des Reichsklosters Irsee - 1500 Klafter Fichtenholz, das Klafter für 3 fl und auch andere Augsburger Bierbrauer kaufen von der Herrschaft Irsee Holz.[39]
- 1765 nennen Flösser, dass ihr *zusamb erkhauftes* Holz kommt: *von Kaufbeyrischen Irseischen Bischöflich* [Hochstift] *AugsPurglichen und anderen ausherrischen* [nicht aus den Herrschaften Schwabegg und Mindelheim] *Waldungen.*
- 1762 wird Floßholz aus der *Herrschaft Irsee* erwähnt.
- 1787 untersagt das Klosters Irsee die Ausfuhr von Holz aus ihrem Herrschaftsgebiet – Strafe 50 fl - wegen Holzmangels.[40]

---

[37] L. Weißflach: Die Wertachflößerei, in: Kaufbeurer Geschichtsblätter, Bd. 8, Nr. 4, 1978, S. 111-115

[38] L. Weißflach: Die Wertachflößerei, in: Kaufbeurer Geschichtsblätter, Bd. 8, Nr. 4, 1978, S. 111-115

[39] Josef Deißler Trift und Flößerei auf Lech und Wertach, in: Alt Füssen Nr. 21, 3. Jg. 1927, 20,21

[40] Alex Schilcher: Geschichte des Dorfes Schlingen, 1957, S. 99

In den Wäldern zwischen Stockheim und Beckstetten, meistens dem Kloster Steingaden oder Irsee gehörend, konnte auch viel Holz geschlagen und über die Wertach verflößt werden.

- Um 1760 erfährt man, dass die Flößer *von Stockheimb der Herrschaft Mündelheimb, Pforzheimb, Schlingen und Frankenhofen der Reichsherrschaft Irsee* Holz zu Weicht, Bäckstetten [Beckstetten] *und Rieden aufkhauften, denen die ersten 2 Grafschaf= dem Closter Staingaden mit der Grund= und Nieder Gerichtsbarkheit: mit der hochen Jurisdiction aber dem Churfrstl. Pflegsgerichts LandtsPerg zuständig. ?eiden entgegen unser die Reichsherrschaft Irsee gehörig ist.*

- Der Prior des Klosters Steigaden erwähnt 1764, dass er im *Steingädischen Holz zu Weicht hab bäim* [Bäume] *Hauen und von selben 10 Stuckh auf dem Wasser* [Wertach] *herab föhren* [führen] *lassen* nach *Siebenaiche* [Siebnach][41].

- 1753 kauft u.a. Tobias Schuster, Müller in Radau *nechst Göggingen bey AugsPurg* Wald, der *liget an und zwischen diseitig Colster Staingadischen Waldungen ober Päckstetten* [Beckstetten] *und bei Lindenberg.*

- 1760 und 1761 kauften die Flößer von Stockheim, Frankenhofen und Schingen ihr Floßholz vor allem in den Waldungen bei Weicht, Beckstetten und Rieden.

Auch Mittelschwaben kann Holz für Augsburg zur Verfügung stellen, allerdings nicht immer:

- 1741 machen die Augsburger Bierbrauer mit dem Richter von Markt Wald einen Vertrag um Fichten- und Buchenholz aus den „Mindelheimer Wäldern", welches dann auf der Wertach geflößt wird.[42]

---

[41] Das Kloster Steingaden besetzte die Pfarrstelle Siebnach.
[42] Josef Deißler Trift und Flößerei auf Lech und Wertach, in: Alt Füssen Nr. 20, 21, 3. Jg. 1927

- Kurfürst Max Josef befürchtet Holzmangel in *seinem eigenen Land*, also in den Herrschaften Mindelheim und Schwabegg, so dass er 1746 eine Holzsperre für sein Herrschaftsgebiet verhängt.[43]
- Franz Zech, *Brettbauer aus Ettringen* kauft 1753 vom *hochwürdigen DombCapitl AugsPurg in der Hofmarkt Widergeltingl: Niderer: und augsPurg hochstüffisch hoher Jurisdiction ligent betrachtlichen aigenthumblichen Holzpoden*, ließ es schlagen und nach Augsburg flößen.
- *Die Wiedergeltinger Mühle lieferte Eichensäulen*, die ein Stockheimer Flößer nach Augsburg brachte und auch *von Frankenhofen, Irsingen und anderen umliegenden Orten wurden Holz gekauft* und nach Augsburg geflößt.[44]
- 1765: *Der Maria Anna Schuster, verwitwete Müllerin zu Radau nächst Augsburg* wird erlaubt, dass sie von ihrem Holz bei Lindenberg bei Buchloe *14 Klafter Buchenholz, 100 Flößholzer und 110 Schneidmäume auf der Wertach zu ihrer Behausung flössen darf.*
- Die Augsburger St. Jakobspfründe besaß Wald bei Berg, einem Weiler bei Türkheim. Nach einem Windwurf 1765 durfte die Pfründe das gefallene Holz nach Augsburg flößen lassen.
- Im 19. Jahrhundert sollen Eichen aus dem Kloserwald der Wörishofer Dominikanerinnen nach Augsburg geflöst worden sein.[45]

---

[43] Axel Schilcher: Geschichte des Dorfes Schlingen, 1957, S. 99
[44] Luitpold Schuhwerk: Als die Bergmüller nach Türkheim kamen, in: „Materialien zur Bergmüllerforschung", H. 1, Türkheim 1988, S. 8:
[45] Wörishofen – Auf dem Weg zum Kneippkurort, zu Bad und Stadt, Lindenberg 2004, S. 20

Absatzmarkt, Bezieher von Floßgut

1760 will ein Stockheimer Flößer Bäume in Gebiete flößen, *wo solche nicht vorhanden* bzw. wo sie gebraucht werden.

Holz konnte entlang der Wertach schon südlich von Augsburg verkauft werden:

- 1614 wird Holz für den Bau der Gennacher Pfarrkirche auf der Wertach geflößt.[46]
- 1683 flößt Georg Luz von Stockheim *zwei Flös* nach Türkheim. Das Holz wird hier für herzogliche Bauten benötigt.[47]
- *1761: … dass nit all dies Holzwerk zu AugsPurg zum Verkhauf gebracht würd, weillen dis flosLeuth unterWegs hievon sehr Villes als zu Sibnach, Hiltenfingen, Reichertshofen, Schwabmünchen, Grosaythingen, Wehringen, Bobingen, Iningen, und Pfersee welch sambentliche ohrt nacher AugsPurg zum thaill dombCapitl: und zum thaill hochfystl.* [Hochstift] *seyen,* verkaufen.
- Der Pfleger der Herrschaft Schwabegg schreibt 1762 nach München, dass der Pforzener Joh. Aufmuth und andere Flösser haben Holz fällen lassen, um es auf der Wertach auf Baustellen *an der Hochstraße, nicht aber nach Augsburg* zu flößen.
- 1762 schreibt Joseph Oberst von der Vogtei in Schwabmünchen an den Hofkammerrat und Pflegskommissar in Türkheim , dass die Stallungen des bischöflichen Pfleghofes in Schwabmünchen baufällig sind und dass die für eine Erneuerung erforderlichen *Pau-Hölzer, bretter und latten* durch Abraham Lang, Flösser von Pforzen, auf der Wertach

---

[46] Rudolf Vogel (Hg.): Landkreis Schwabmünchen, ²Augsburg 1975, S. 194
[47] StA Augsburg, Kastenamtsrechnungen der Herrschaft Schwabegg

hierher transportier werden soll, und deshalb die Erlaubnis erbeten wird.

- Der Prior des Klosters Steigaden erwähnt 1764, dass aus dem *Steingädischen Holz zu Weicht* er *hab von selben 10 Stuckh auf dem Wasser* [Wertach] *herab föhren lassen nach Siebenaiche* [Siebnach][48]
- Um 1765 wird als Absatzgebiet von Flozholz genannt: *in denen an der Werttach gegen AugsPurg zu anligenten orthen.*

Hauptabsatzort für Holz und anderen Produkten, welche auf der Wertach geflößt werden, ist jedoch die Reichsstadt Augsburg. Hier benötigt man Brennholz, nicht nur für den privaten Verbrauch zum Heizen, sondern auch für das Gewerbe, wie das Bierbrauen oder das Kalkbrennen.

- 1704 lautet ein Schreiben an die kurfürstliche Hofkammer: [...] *welchergestalten Wir an Bäum und Pauhölzern dermahlen miteinander 600 Stuckh vorräthig auf dem Platz ligent beynandten haben und solche Theilss nacher AugsPurg und Theills in die dorthige gegendt und Nachbahrschaft verführen und Versilberen zekönnen.*
- 1740 kauft der Augsburger Bierbräuer Hieronymus Maier *aus Irsee* 1500 Klafter Fichtenholz, das Klafter für 3 fl und alle Augsburger Bierbrauer erwerben von der Klosterherrschaft Irsee Holz *von zwei Leinauer Untertanen.*[49]
- *An den kaiserl. Pflegsverweser zu tirkheim* [Türkheim] *Johann Christoph Dobler von* [der] *Stadt Augsburg, wegen Holzflößung auf der Wertach. Vielgeehrter Herr PflegsVerweser*

---

[48] Die Pfarrstelle in Siebnach wurde damals von Konventualen aus Steingaden betreut.

[49] Josef Deißler Trift und Flößerei auf Lech und Wertach, in: Alt Füssen Nr. 20, 21, 3. Jg. 1927

Welchergestalten Hironimus Mayr et Cons [Konsorten]: *samentlich Pierpreuer* [Bierbrauer] *alhier* [Augsburg] *Unterthenigist einkommen und gebetten 1200 Clafter Holz, so dieselbe in der Herrschaft Apfeltrang nebst Kaufbeyrn erkaufft, auf den fluß Wertach durch das Mündlheimb und Türckheimb.: [Gebiet] Trüften: und anhero nacher AugsPurg bringen zu derfen […] AugsPurg den 23. May ao 1742*

- 1744 beziehen die *Preuschaft* in Augsburg 1500 Clafter Holz, welches vom *Oberland* auf der Wertach nach Augsburg getrifftet wird.

- 1761: *geschnittenes Holzwerck, als*[o] *latten und Remblinge, zu AugsPurg nur allein un Privilegierte ohrt, keinswegs aber unter die gemeine Leuth und Bürger verkhauft werden derfte wan man nit zur empfündtlichen Straf gezochen werden will, suthenmahle die Statt AugsPurg 8 Schneid oder SaagMüller, das Privilegium haben, sich ausser denen Privilegierten Häusern, nit beeinträchtigen zu lassen.*

- *Die Hofkammer in München* genehmigt mit Schreiben vom 1. September 1763 *Franz Xaver Seeried, Bedienter des* [Augsburger] *Weihbischofs Baron von Adelmann, seine von dem Reichsprälaten von Irsee geschenktes Holz für den Hausnotdurft, darf dieses kostenlos über die Wertach durch die Herrschaft Schwabegg zu flößen.*

- Maria Anna Schuster, die Müllerin zu Radau in Göggingen benötigt, so schreibt sie 1765, *jährlich aus ersagt meiner Waldung* (bei Wiedergeltingen) *14 Clafter Puechen Holz zum Brennen, insgesamt aber 100 floss Holz weiterum 110 Stück Schneid-Paumb, zu meiner ohnentpörlichen Hus Nottdurft und Mahlwerckh.* Dieses Holz soll ihr wegen *zu der großen Cösten welche mit dem Fuhrwerckh auf dem Landt verursachen würde, auf dem*

Werttachfluss naher göggingen zu deren Mühl verflösst werden.

- 1773 kommt von München die Anweisung *an Holz, getraydt so andere Handlungen zu wasser und zu landt nit zu Stöhren sondern viellmehr alle vor 1721 zwischen unsere Drtl. Churhaus und gedachter Statt AugsPurg errichtete Verträge* einzuhalten, insbesonders darf (wieder) Holz an die milden Stiftungen nach Augsburg geflößt werden.

- 1794 erläßt der Rat der Reichsstadt Augsburg eine*Verordnung für Bürgerschaft und Sägmüller wegen Erkaufung des auf der Wertach hieher geflößt* Holzes[50] Die wichtigsten Bestimmungen sind:

  o Die geflößten, geschnittenen, auf der Wertach geflößten Bretter dürfen in Augsburg nur an den *drei Kirchweihzeiten* gekauft werden.

  o Augsburger Sägmüller dürfen nicht an Sägmühlen, die an der Wertach liegen, oder bei Flößern Bretter kaufen und dann *an den Kirchweihzeiten durch Überbietung und andere listige Kunstgriffe die Bürgerschaft von dem Kauf abschrecken.*

  o Da bei den Kirchweihzeiten oft nicht wegen des niedrigen Wasserstandes geflößt werden kann, können die Flößer die drei Kirchenweihzeiten festlegen. Die „Kirchweihzeit" dauert dann zwei Wochen

- Am 18. Oktober 1845 will die Augsburger Schreinerinnung, dass Holz aus Biessenhofen nach Augsburg geflößt wird.[51]

---

[50] StAA: Vorschriften den Verkauf des auf Flößen ankommenden geschnittenen Bretterzeugs betreffen 9.X.1794

[51] L. Weißflach: Die Wertachflößerei, in: Kaufbeurer Geschichtsblätter, Bd. 8, Nr. 4, 1978, S. 111-115

Wohl wenig Holz wurden bei Augsburg von der Wertach in den Lech geflößt und gelangte so zur Donau. Allerdings verweigert die Stadt Augsburg zeitweise den Weitertransport (vgl. unten).

- In Stockheim erzählt man sich noch heute, dass Stockheimer Flößer bis nach Wien flößten und, was wenig plausibel klingt, dass der Dachstuhl des Wiener Stephandomes aus Holz von Bayerisch Schwaben besteht, welches über Wertach, Lech und Donau nach Wien gelangte.
- Ebenfalls in Stockheim war die Hausname eine Wirtschaft „Zum Wiener". Dieser Name soll davon herkommen, dass der Wirt auch Flößer war und bis nach Wien flößte.
- Am 9. August 1760 schreibt der Stockheimer Flößer Johann Starck an den bayerischen Kurfürsten *Betreff Bretterausfuhr ausser Landes*. Dies dürfte jedoch bedeuten, dass das Ziel der geflößten Bretter außerhalb von Kurbayern liegt.

Triften, Schwemmen

Brennholz wurde auf der Wertach, nachweislich im 18. Jahrhundert, hauptsächlich getriftet, geschwemmt. Man warf das Holz in den Fluss und fischte es am Bestimmungsort wieder heraus.

Schwierigkeiten waren dabei:

- Man benötigte beim Triften die Erlaubnis der Herrschaften, durch die Holz in der Wertach trieb. Diese Erlaubnis war damit verbunden, alle Ufer-, Wehr- und Brückenschäden die durch das Triften entstanden, sofort wieder zu beheben oder Entschädigung zu zahlen.
- Triftholz blieb oft am Ufer hängen oder auf Schotterbänken liegen.
- Triftholz wurde gelegentlich von Unberechtigten vor dem Bestimmungsort aus dem Fluss gefischt.

1737 verpflichtet sich der Nesselwanger Amtmann, den Augsburgern 1000 bis 2000 Klafter Fichtenholz aus Tirol nach Augsburg zu liefern, indem es in der Wertach getriftet wird. Dabei ist das Problem nicht, ob der Nesselwanger Amann genügend Holz liefern kann, sondern ob von dem Holz genügend in Augsburg ankommt.[52]

1740 protestiert das kurfürstliche Gericht *wegen der Holzschwemmung* beim Augsburger Magistrat. Der antwortet, dass das in der *Herrschaft Irsee erkaufte Holz auf der Wertach* geschwemmt werden soll in Übereinstimmung des Irseer Prälaten und des Augsburger Domkapitels und dass dabei entsandene Schäden *von dahisiger Stadt* [Augsburg] *der gebühr nach werde vergütet werden.*

---

[52] Josef Deißler Trift und Flößerei auf Lech und Wertach, in: Alt Füssen Nr. 20, 21, 3. Jg. 1927

Ebenfalls 1740 wird von *Johann Christoph Dobler der churfürstl Durchlaucht in bayerns PflegCastner die Statt augspurg darauf hin gewiesen, wann Hieronymus Mayr Burger u Pierpreu in Augsburg et cons.*[Consorten] *die in dem gdist*[gnädigst] *uns anvertrauten Pfleggericht Müller und Fischer die Holzschwembung [...] schadlos halten will.* Wenn man sich darüber einigt, dann kann *aus nachbahrlichen gefallen geschehen lassen das doch in der Herrschaft Irsee erkhauftes Holz auf der Wertach so weith solle des gdist mir anvertraut Pfleggerichts betrifft nacher Augspurg geschwemmt werden möge. Es solle aber vor solcher Abschwambung bedacht Mayr et cons. oder vor derselben iemand benannten sich bey mir informieren umb den nöttigen veranstalter zukommen.*

Die Erlaubnis von Herrschaftsinhabern, durch welche das Holz in der Wertach getriftet wird, war meistens an die Bedingung gebunden, dass bei auftretenden Schäden diese zeitnahe und umfänglich behoben werden.

- Stadt Augsburg an Christoph Dobler, Verwalter der Herrschaften Mindelheim und Schwabegg in Türkheim am 3. März1740:
  Nachdeme auf Unser den 21ten abgewichenen Monaths Jan. [Januar] *an unserer Viel= und Hochgeehrten Herrn wegen des von unserm Bürger und Bierpräuen Hieronymus Mayr et Cons.* [Consorten] *mit zweyen Reichs GotesHaus yrrsischen* [Irseer] *Unterthanen geschlossenen HolzContracts der ungehinderten Herabschwemmung halber ob der Wertach erlassenes geziemendes RequisitionSchreiben bis dato die angehofte gebührige antwort annoch nicht erhalten. Also haben Wir [...] und um baldige willfährige Antwort* gebeten.
  Antwort von Christoph Dobler am 1. November 1740:
  Es gibt diesbezüglich keine neuen Bestimmungen. Belangend die dermahlige vorhabente von 1000 Clafter in 3 schuech lange Scheitten bestehente Holzschwembung, von

Irrse nacher augsPurg, vermainte es were von darumben nit schedlich, weill dardurch verhiettet wurde, das das holz alhisiges refier mit in einen so hochen wehr stegen khundte massen ansonsten bei gemelter Statt so gegen Holzmangl nit zurichttig das es dann und wan was hinaus wischet die willobte [vielgelobte] *ReichsStatt augsPurg sich verobligiert wann mitls solch Schwembung an denen Prüggen, Wuhrs* [Wehren] *und in anderweg weile ein schaden cunsirt werd solle, solch unwaigerlich zu richten seyen ...*

- *... die Reichsstatt Augspurg schon zu zweymahlen und lesthin a° 1740 auch dergleichen Holz auf dem Wertach Fluß mit gedster* [gnädigster] *bewilligung dahie getrifftet, nitweniger gemüsamst Versicherung geleiste, wan mitls solcher Durchschwemmung an denen Prückl, Wuhrgepäuen, oder in ander weg wie immer nahmen haben mechts, einige schaden wider verhoffen geschehen solte, sie dergleichen des mindiste verursacht, oder geclagt worden, auf bey diser neurlich bittenten durchtrifftung die geringste Gefahr eines schadens zu förchten. / Türkheim den 27. May ao 1742*

- *An den HofkammerPräsidenten nach Augsburg 27. Mai 1742 ... Hierauf nun berichte Eurhochfürstl. Excel* [...] *dass ermelte Supplicanten oder die Reichsstatt Augspurg schon zu zweymahlen und lesthin ao 1740 auch dergleichen Holz auf dem Wertach Fluß mit gedster* [gnädigster] *bewilligung dahie getrifftet, nitweniger gemüsamst Versicherung geleiste, wan mitls solcher Durchschwemmung an denen Prückl Wuhrbepäuen, oder in ander weg wie immer nahmen haben mechts, einige schaden wider verhoffen geschehen solte, sie dergleichen des mindiste verursacht, oder geclagt worden, auf bey diser neurlich bittenten durchtrifftung die geringste Gefahr eines schadens zu förchten. / Türkheim den 27. May ao 1742*

- Am 6. Juni 1742 stellt Johann Christoph Dobler fest, dass die Bierbrauer von Augsburg, welche in Apftrang 1200 Klafter Holz kauften, diese auf der Wertach im Gebiet der Herrschaften Mindelheim und Türkheim triften dürfen, *doch dergestalten, des sofern hierdurch Ihr Kaysl. May. xx einiger schaden zuewachsen; dieselbe solchen gleich Sye sich von selbsten verbündtlich gemacht ohne anstandt abthuen und ersezen, solte.*

Augsburger Bierbrauer um 1800, aus: Christoh Emmendörffer u.a HG.): Wasser Kunst Augsburg, Regensburg, 2018, S. 251, Kat.Nr. 75

- Im gleichen Jahr erkundigt sich die Stadt Augsburg bei *dem Dem wohlgebornen und gestrengen Herrn Johann Christoph Dobler, Ihro Römisch Kayserl. und königl. May auch Churfirstl. Durchlaucht von Bayern Pfleg-Castner- und Preuamts Commisarion der Graffschaft Schwabegg und Türkheim: Nachdem bei uns das allhiesige BierprauerHandwerkh die gehorsame anzaig gethan hat, wie daselbes in erwegung, das heurige Jahr wegen denen von denen Französischen HHl. Commissariis in grosser Mänge erhandleten Flössen , weniges Hoz auf den hiessigen kaufbach werde gefiehret werden mit einigen Irseischen unterthanen einen abermahligen Holz-Contract auf 1500 Clafter eingegangen und geschlossen habe, solches Holz auch ob der Wertach herabschwemmen zulassen gesinnet seye und und dahero gehorsl. gebetten hat, demselben der ohngehinderten Herabschwemmung halber ob der Wertach mit Interzesionalien an Euch Wohledelgebohr an handen zu gehen. Also haben wir derselben Desiderium hiemit bester massen Secundieren und anbey Versichern wollen, daß wir solch anhoffende willfahrt bey sich ergebender gelegenheit mit anderen gefälligkeiten zu reciprocieren, nicht ermanglen werden: Wie wir dann unter göttl. Fuction Erlassung allstatt verhannen Euer Wohledelgebohrn den 23. April 1743 / Pfleger und geheime Räthe der ReichsStatt Augsburg*
- Am 12.Oktober 1747 werden 196 Klafter Buchenholz bei Türkheim in die Wertach geworfen. Am 27. Oktober 1747 kommen davon nur weniger als die Hälfte dieses Holzes in Augsburg an. Vieles wurde gestohlen.
- Der Häusler Benedikt Adelsrieder, den man bei Nacht dabei erwischte, wie er einen Prügel des Schwemmholzes aus der Wertach zog, musste dies

mit einer empfindlichen Geldstrafe und 20 Stockhieben auf den blanken Rücken büßen.[53]

- 1748 wird, wegen der großen Verluste, das Triften auf der Wertach weitgehend eingestellt.[54]

- Dieses Verbot hielt nur wenige Jahre. 1762 heißt es: *das in denen der Herrschaft Apfeltrang nächst KauBeyrn angehörigen Waldtungen erkhaufte Holz zu Scheutter geschlagen und gemachter auf dem Fluß Werttach durch das Mindelheimb. zu trüfften und hierhero nach AugsPurg*

- Im 19. Jahrhundert wird das Triften auf der Wertach weitgehend bedeutungslos, da der Holzverlust unterwegs zu groß geworden war: Für das Triften, *welches durch Privatunternehmungen geschieht, bestehen keine eigentlichen Trift=Anstalten, außer [...] eine kleine Trift an der Wertach bei Ostettringen*[55]

---

[53] Bajorat/Sazenhofen, Handwerksfibel Flößerei und Trift
[54] Josef Deißler 20,21; Das wassebau an den öffentlichen Flüssen im Königreich Bayern, II. Bd., 1886, S. 100; L. Weißflach: Die Wertachflößerei, in: Kaufbeurer Geschichtsblätter Bd. 8, Nr. 4, 1978, S. 11 - 115
[55] Georg Friedrich Kramer: Handbuh für den Oberdonaukreis Augsburg 1831, S. 277

Schäden durch Flößen und Triften

Triften und Flößen, besonders bei Niedrigwasser, konnte Schäden am Ufer, an den Wuhren [Wehren] und den Brückenpfeilern verursachen. Man meinte auch, dass die Fische darunter leiden würden:

Im 17. Jahrhundert versuchte der Müller von Wiedergeltingen die Flößer, von denen er anscheinend geschädigt wurde, zu vertreiben, indem er Eisenpflöcke in das Flußbett der Wertach rammte. Erst als die Mühle bei einem Hochwasser nur durch die Hilfe der Flößer vor der Zerstörung bewahrt werden kann, verbessert sich das Verhältnis des Müllers zu den Flößern.[56]

Am 2. Mai 1674 schreibt das Stift Kempten an die Reichsstadt Augsburg: *Was gestalten Ihnen die offene Fahrt sowohlen zum flößen, als auch Erstgedachten Fürstl. Stüfft [Kempten] zue Abbruch ihrer Fischerey der Enden, weillen die Vischn nimmer mehr herauf khommen könden. Vor dießem durch einen Mezenmacher N, genanth Lieb:, Mittelst eines Neu gemachten Wehrs, welches das Wasser auf die Mihlin zue Dalhouen [Thahofen] laite aber keine offene Fahrt mehr, wie von alters her habe Neuerlicher weise seye versperth worden, [...] In Bedenkhung gedachte Wüher [Wehr] zue Dalhouen [Thalhofen], wo ietzigem Müller vor ungefehr 14 Jahren schon, nit allein umb mer dan halb, alß selbe vor disem gewesten Niderer gepawt, Sondern auch mit solcher gueten offener farth versechen worden, daß die floßer sebst bekhennen, der gleichen auf der wertach bis nacher AugsPurg nit an Zeiker seye, auß welchem dan genug Abzunemmen, daß Jehniger falscher Angeber nichts andrs zue suechen begehrt, als hierdurch Ungelegenheit und Unnachbarschaft anzustüfften. Ich werde Mir aber Versichert die*

---

[56] Siegfried Kaulfersch und Rudolf Fickler: Straße – Flößerei – Post – Eisenbahn, in: Landkreis Unterallgäu, Mindelheim 1987, S. 633 (Quellen nicht genannt)

Fortpflanzung gueter Nachbarschaft jeder Zeit sehr angelegen sein lassen.

Um 1740 beklagt sich die Stadt Kaufbeuren über Flößer, dass sie beim Flößen nach Augsburg die Brücken bei Pforzen und Schlingen beschädigt haben.[57]

Das Hochstift Augsburg erlaubt es 1740 nicht, Holz aus der Irseer Herrschaft zu schwemmen, wegen der zu erwartenden Schäden. Das Problem wird finanziell gelöst und im Spätherbst 1740 darf wieder getriftet werden.[58]

Am 27. Mai 1742 berichtet der Verwalter der Herrschaft Schwabegg an *Ihre Excellenz Herren Hofkammer Praesidenten* auf Anfrage *ob nit hierdurch* [durch das Trifften] *Ihro Kayl. May. pp einiger Schaden zuergehen könnte und wiesonsten die sach gestaltet seys,* nach München, dass auch 1740 die gleiche Menge Holz *auf dermWertachfluß mit gdigster Bewilligung dahin getrifftet, nitweniger genugsamer Versicherung geleistet wan mitls solcher Durchschwemmung an denen Prückh Wuhrgepäuen oder in anderweg wie immer nahmen haben mechte einiger Schaden* wid[er] *verhoffen geschehen sollte, si gleichen ohne Anstandt guettmachen wollten Nun aber an dergleichen des mindiste verursache, oder geclagt worden, auch bey dieser nemlich bitten ein durchtrifftung die geringste Gefahr eines schadnes zu förchten.*

Am 26. Juni 1742 erhalten die Augsburger Bierbräuer von der Verwaltung der Herrschaft Schwabegg die Erlaubnis zum Flößen und Triften, da *uf der Wertach dergestalte beschechen daß deswegen bey mir* [dem Pfleger der Herrschaft Schwabegg] *ainige Beschwerde oder Clag eines hiedurch verursachte schadens halber nit vorkhommen ist*

---

[57] Alex Schilcher: Geschichte des Dorfes Schlingen, 1957, S. 99

[58] Josef Deißler Trift und Flößerei auf Lech und Wertach, in: Alt Füssen Nr. 20, 21, 3. Jg. 1927

An den kaiserl. Pflegsverwesen zu tirkheim [Türkheim] Johann Christoph Dobler von [der] Stadt Augsburg, wegen Holzflößung auf der Wertach.

Vielgeehrter Herr PflegsVerweser [...]
gebetten 1200 Clafter Holz, so dieselbe in der Herrschaft Apfeltrang nebst Kaufbeyrn erkaufft, auf den fluß Wertach durch das Mündlheimb und Türckheimb.: [Gebiet] Trüften: und anhero nacher AugsPurg bringen zu derfen, ein solches hat mein Villgeehrter Herr aus dem remittierlichen originalanschlag mit mehreren zuersehen, und sich hieryber förderlich guetächtlichen Vernemmen zu lassen, ob hierdurch nit etwas Ihro Kayl: Mayel: xx. [Kaiserliche Majestät etc] einiger schaden zuegehen kunnte und wie sonsten die sach gestaltet ist, dessen zu geschechen mich versicher, und anbei göttl:er allmacht alles erlasse, AugsPurg den 23. May ao 1742

Am 4. Juni 1742 wird geantwortete: *... Würdtet gedachter [Augsburger] Preuschaft , weilen hierwider von Amts wegen nichts einzuwenden gewesen, solche beytrifftung zwar bewilliget, doch dergestalten, daß sofern hierdurch Ihro Kayserl. Maj pp. einiger Schaden zuerwachsen diselbe solchen /: ohne Anstand abthun= und ersezen sollte.*

Am 1. Juni 1744 erlaubt die kaiserliche Verwaltung das Durchflössen von Holz aus dem Gebiet des Fürststifts Kempten durch Gebiete der Herrschaften Mindelheim und Schwabegg auf der Wertach unter dem Vorbehalt, dass dabei entstandene Schäden, hauptsächlich an den Wehren, sofort behoben werden bzw. zu entschädigt sind.

Am 12. Mai 1750 schwillt die Wertach wegen eines *grossen Donnerwetters in der nacht sehr an*, tritt über die Ufer, reißt das dort liegende Holz mit, womit Brücken und Wehre beschädigt werden. Vorher schon richtet eingefrorenes Holz im Frühjahr *mit dem Eisschubgang bahr gewordtnen Flössen ein grosser schaden an.*

Über Winter 1750 fror die Wertach und mit ihr sieben Bäume im Wertachwassen. Auch auf einer Uferwiese lagen noch einige Bäume, zusammen waren es 31 Baumstämme. Im Mai setzte dann Schneeschmelze ein und alle diese Bäume wurden auf der Wertach mitgeschwemmt. Die Bäume beschädigten Brücken und wurden auf Wiesen geschwemmt, grosse gewässer hinweg und gleich vorigen siben Theils an die brucken, theils auf die Felder geführt worden, vornemblich aber hiesigem Öschenau müller an seinen Wuhr einen Bauschaden von wenigstens 50 fl causiret; Die Stadt Augsburg, für die das Holz bestimmt war, zahlt keine Entschädigung. Deshalb untersagt das Pflegamt Unterthingau vorläufig die Floßfahrt auf der Wertach in ihrem Gebiet.

Am 10. Juli 1750 wird festgehalten, dass *die aus dem Hörniger wald* (bei Kempten) *gekommene und in wertach herab bey grossem gewässer gekommenen Baumstämme eingefroren sind und die Flöss der wurr des Millers zu öschenau* und *auch der kempt. brugg allda* zugefügt haben. Man will deshalb von den Flößern eine Kaution verlangen, um evtl. Schäden beheben lassen zu können und *dem beschädigten Miller aber auch seine Satisfaktion gegeben werde.*

1751 erwähnt der Abt des Stifts in Kempten Schäden: *das mann die angelegte Flös über den Wünther in dem Flos eingefrüehren oder Einzele Holz gleich an dem Flus der Mänge nach ligen lasse, die bey dem Eysschub im FrueheJahr, und öfters anfallenden gewässer /:wie es der Eschenan Miller an seiner Wühr mit 50 fl Schaden in der That erfahren :/ an denen Wuhren, Fisch Ständen , altWössern, Bruggen, Steegen und anderen Wasser gebäu angränzenden wissen, und feld anwachsen Jungen Lerchen und Schon Jagdbahren xx indesmahlen groser Schaaden causire,*

Am 25. August 1752 wendet sich die Stadt Augsburg an den Kemptener Pfleger in Unterthingau, wegen folgendem: *noch das allhiesige Schwemmen zu gestatten, hat uns bereits den 13ten*

Marty vorigen Jahrs den Anlass gegeben, Ehw. Hohfürstl. Gnaden per Literas remonstranda unterthänigst zu remonstrieren, der unter andere angehoften gnädigsten verabfolglassung besagter Flössen damahls uns um somehr getröstende als diese keines wegs einzeln auf der Wertach herunter zuschwemmen, sondern in würdte zusammen gebundenen flössen auf anhero zu bringen vorgehabte 31 stuck Holz nur allein durch einen ohnvermutheten heftigen Wasserstoß des auf ein mahl sehr hoch angewachsenen Wertach-Flußes von ihrer obschon starken Befestigung abgerissen, zertrümmert, und auf die Hochfürstl. Kemptisch Wiesen hinaus geschwemmt worden, folglichen das hierdurch allenfalls entstandne Dam um alleinper Casum fortuitum geschehen welche Wir noch zum Überfluß, und um Euer Hochfürstl. Gnaden in geziemendsterRespect zu erkennen zugeben, wir wenig allhiesige Stadt die schon von so vielen Saeculis über ruhiglich exercirte freye floß=fahrt auf der Wertach cum damne derer angrenzenden zu exercieren gebende, denen damnificatis, ho qui sind, nach billiger Ermässigung zuersezen und erbotten haben.

So guten Erfolg nun Wir von dieser unsern gründlich und sehr aquitablen Remonstration und Versproche, so wenig hat jedoch die bisherige Hofnung eingetroffen indeme von Euer Hochfürstl.Gnaden Wir bis auf diese Stund nicht einmahl einiger Antworth gewürdigt diearrestirte Bäume zumahle keines wegs restituirt und sogahr dem vornehmen nach einige derselben wirklich veräussert worden seynd: Wir dann noch über das aus einer sehr wiedrige und bedenkliche Anzeige neuerdings geschehen, das ohnlängst einige Flossleuthe welche auf der Wertach in einem BaurnHolz von Weibletshofen gefahren, in dem wider, selbe gesegten subposito, das sie augsburgisches Holz führten, ohnweit der sogenannten oschenmühlen in arest gesezt und sogar auf einen Flossmann, welcher nicht wohl hört, vor einem Hochfßrstl Kemptlichen Soldathen /: doch gottlob ohne Verlezun g :/ hineingeschossen so forth sie Arrestitia ad Protocollum vernohmen, endlichen aber auf beschehene Declaration, das es Bauren Holz seye ihnen dasselbe widerm abzuführen erlaubt, die abführung des AugsPurgl. hingegen pro futuro, mit andictierung einer Geld=Straf a 2 fl pro praterito bey hoher Straf in soweit verbotten worden seye, öbis selbe sich von denen Pfleg=Ämteren Unterthingau und Oberdorf durch ein Kundschein wurden legitimirt haben.

Es ist dises neuerliche factum so beschafen daß , weillen statt der immerzu gehofften remedur, unseren ehevorigen Beschwehrden hierdurch vielmehr ein allzu empfindliches gewicht gegeben wird, wir hoften in die ausserste verlegenheit gerathen wären, durch gegenwärtige ferner weit unterthänigste rompnstration was erspriesliches zu bewänden, was nicht Euer Hochfürstl. Gnaden Bekannte aquanimitat uns annoc in der gänzlichen Vermuthung erhielte, das diese unfreindliche und mit denen kundbaren Reichs=Gesäzen nach unserm de reliquo mit allgeziementsten Respect verknüpften Darfürhalten nicht zu justificieren stehende Procedur dero gnädigsten gesinnungen, vielnehr selbsten entgegen seye, und unser widerholte geziemendst vorstellung gleichwohlen noch den erwünschten Intress finden werde sollte aber jedoch diese unsere so standhafte vermüth= und Hoffnung Längers fehlschlagen, um die in geziemenstem Respect nachgesuchte gnädigste Remedur durch unsere Beschehene gründliche Vorstellungen,. nicht zuerhalten seyn, so wird uns Niemand verdenken können, wann Allerhöchsten Orths wir mittel anführung der wahren Hergangs der Sach bey Euir Hochfürstl. Gnaden sothane vergeblich nachgesuchte abstellung allergehorsamst zuerlangen uns bestreben werden, obwohl wir von disem entlichen äusserst nothgedrungenen doch aber allen wider ihro wohlhergebrachte, und schon von vielen Saeculis her in richtiger Posision exercirte Befugnus wuerlich Beschwert werden wollenden Theillen allergerechtest ofenstehenden Recursn durch Eur Hochfürstl. Gn aden endliche willfährige Verfüg= und Abstellung sothaner Beschwerden verschon zu beleiben wünschen.

Wir dann anbeynebens in ohnausgesezt geziementhstem Respect
stetshin verharren Eur Hochfürstl. Gnaden. Unterthänigste Pflegern
Burgermeister und Rathe der Reichsstadt Augsburg
Datum den 25ᵗᵉⁿ Augl. 1752

Befehl an das Pfleggericht Türkheim, wegen der Floßfahrt auf der Wertach, 1762.

1762. Maximilian Joseph Churfürst. L. G. Ihr habt euch ex retro actis zu erinnern, daß der Floßfahrt auf der Wertach, welche uns und unsern Unterthanen der anstoffenden Güter, und Wuhrgebäuden kundbarlich den größten Schaden bringet, niemand berechtiget, und daß nur auf besondere unsere und unserer Durchl. Voreltern gnädigste Verwilligung dergleichen Fahrten jezuweilen aus unverfänglicher Milde, und auf vorhergangenes Anhalten, mithin allerdings precario, zugestanden worden seye.

Nachdem wir nun aber von der Schädlichkeit dieses Vornehmens je länger je mehr überzeugt werden, und dahero sowohl um unserer Unterthanen darunter verspürenden Nachtheil willen, als unsers eignen Cameralschadens halber, dergleichen fürohin so leichter Dingen nicht zu dulden; So befehlen wir euch hiemit gnädigst, doch gemäßinst, gleich nach Empfang diß, die Floßfahrt, und alles Holzschwemmen oder Triften auf der Wertach nicht nur denen Inn- sondern auch denen Ausländern durch öffentlichen Verruf bey Straf der wirklichen Confiscation, welche ihr gegen alle Ueberfahrer dieser Verordnung ohne einigen Ausnahm, alsogleich zu verhängen hättet, nachdrücklich zu verbieten, auch mittelst der Amtleuten solche Vorstellung zu machen, daß diesem Geschäft von niemand zuwider gehandelt werden möchte.

aus: Johann Georg von Lori: Geschichte des Lechrains, Bd. 2, Urkunden, München, S. 564

Am 4. Juli 1762 wendet sich das Pflegamt Türkheim an den *Richter zu Wiedergeltingen* wegen *Beschädigungen an anarchen und Wuehr gepäuden* durch die *Flosfahrt unnd alles Holzschwemmen oder Trüfften auf der Werttach.* Es wird mit Strafe gedroht und zwar nicht nur den Flössern aus dem schwabeggischen Herrschaftsgebiet, sondern auch denen *ausländern.*

Unnd weillen dann nöttig ist, mit dem Müller zu Widergeltischen Matheusen Morhardet unnd dem dissohrtigen [Türkheim], *dann dem Müller zu Ettringen zu conferieren, wie deren Wuehren bey hoch= unnd mitleren Wassers, wo alleinig geflooset werde kann, solchergestalten gespört werden möge,* dass man die Sperren aber, bei Einigung mit den, von allem ausländischen Flössern wieder problemlos öffnen kann.

Am 19. August 1762 teilt das Pflegamt Türkheim mit, dass *die Flosfarth und alle Holz-Schwemmung oder trifften auf der Wertach in ansicht der großen Beschädigungen an denen aussetzten Gättern und WuhrgePäuden führt.*

Am 30. August 1762 schreibt die kurfürstliche Hofkammer an Joseph Ignati v. Hofweller, Pfleger in Türkheim: *Da durch Flössung Schäden an Wuhrgebäuden und Archen, so befelchen Euch hiemit gedisgt* [gnädigst]*, doch gemässest, gleich nach Empfang diess die Floßfahrt und alles Holzschwemmen oder Trifflen auf der Wertach nit nur denen Ienn:* [Innländern] *sondern auch denen Ausländern zu verbieten* [....] *Und weillen dann nöttig ist, mit dem Müller zu Wiedergeltingen Matheusen Morhardt und dem dissohrtigen* [Türkheimer]*, dann dem Müller zu Ettringen zu conferieren, wie deren Wuehren bey hoch= und Mitleren Wassern, wo alleinig gefloset werden kann solcher gestalten gespört werden mög, des solches bey etwann zuweegs bringent churfl. Kalches nach iedmalli: vorkommenten Umbständten widerumben zurösten seyn.*

1806 ist eine Floßgasse am Wertachwehr in Kaufbeuren erwähnt.[59] 1810: Die Wasserwerks-besitzer am Mühlbach in Kaufbeuren dürfen, um den Mühlbach von Kies zu reinigen, die Floßfahrt hier sperren. Die Flöße sind hier auch eine Gefahr für die hölzerne Wertachbrücke.[60]

Am 18. Oktober 1845 soll Holz aus Biessenhofen über das Kaufbeurer Wertachwehr nach Augsburg geflößt werden.

---

[59] DerWasserbau an den öffentlichen Flüssen im Königreich Bayern, II. Bd., 1886, S. 100; L. Weißflach: Die Wertachfläßerei, in: Kaufbeurer Geschichtsblätter Bd. 8, nr. 4, 1978, s. 111 - 115

[60] DerWasserbau an den öffentlichen Flüssen im Königreich Bayern, II. Bd., 1886, S. 100; L. Weißflach: Die Wertachfläßerei, in: Kaufbeurer Geschichtsblätter Bd. 8, Nr. 4, 1978, s. 111 - 115

Dies untersagt das Landgericht Kaufbeuren, wohl weil eine Beschädigung des Wehrs befürchtet wird.[61]

21. Juli 1846: Die Wasserleitung bei Unterirsingen soll nicht über die Zollhausbrücke geführt werden, sondern nördlich davon *mittels eines die Floßfahrt nicht hindernden Weges.*[62]

Am 28. Februar 1853 will der Flößer Franz Gronau aus Pforzen Holz aus Biesenhofen über das Kaufbeurer Wertachwehr flößen. Dies untersagt der Kaufbeurer Magistra.[63]

Am 26. März 1855 hat der Bäcker Sebastian Albrecht von Pforzen südlich von Kaufbeuren Holz gekauft und will es nach Augsburg flößen lassen. Dies lehnt der Magistrat von Kaufbeuren ab, das Holz über das städtische Wertachwehr zu flößen[64]

1869 wird festgehalten, dass *Der Uferschutz an der Wertach dagegen ist allein Sache der Kreisgemeinde von Schwaben und Neuburg.*[65]

Zum *Schutz der Wasserbauten u Weidenpflanzungen an Verlandungen u Böschungen* wurde von der Regierung Schwaben und Neuburg am 5. Mai 1871 an folgende Bestimmungen von 1857 erinnert: [....] *Jede Beschädigung oder*

---

[61] L. Weißflach: Die Wertachflößerei, in: Kaufbeurer Geschichtsblätter, Bd. 8, Nr. 4, 1978, S. 111-115

[62] StAA Reg Schwaben k.d. Finanzen 5120; In der top. Karte S. 117 ist die Wasserleitung über die Wertach eingezeichnet.

[63] L. Weißflach: Die Wertachflößerei, in: Kaufbeurer Geschichtsblätter, Bd. 8, Nr. 4, 1978, S. 111-115

[64] L. Weißflach: Die Wertachflößerei, in: Kaufbeurer Geschichtsblätter, Bd. 8, Nr. 4, 1978, S. 111-115

[65] Blätter für administrative Praxis u. Polizeigerichtsflege zunächst in Bayern, Nördlingen 1869:

verordnungswidrige Benützung von Uferschutz=, Damm= oder Deichbauten, der Befestigung des Ufers mit Rasen und Buschhecken, der Weidenpflanzungen u. dgl. jede Beschädigung an den Bauvorrichtungen und Werkzeugen, sowie [...] jede Entwendung von Faschinen, Draht, Steinen, Pfählen u. dergl. verpflichtet neben der Strafe zum vollen Schadensersatz [...] kgl. Regierung von Schwaben und Neuburg 5. Oct. 1857[66]

Augsb. 5. Mai 1871
Betreff: Schutz der Wasserbauten u Weidenpflanzungen an Verlandungen u Böschungen [...]
§ 66 Triftgewässer sind jene Flüße und Bäche, welche der Flößerei mit Block– und Scheitholz dienen.
Die Flößerei kann sowohl in öffentlichen Flüßen, als in Privatflüßen und Bächen ausgeübt werden, ohne daß letztere hiedurch an ihrer Eigenschaft als Privatgewässer eine Aenderung erleiden.
§ 67 Bei allen Triftgewässern sind die Ufereigenthümer verpflichtet:
*   1)   sich jeden Gebrauch des Wassers zu enthalten, welche die Flößerei gefährdet...*
*   2)   die zur Beförderung der Floßhölzer nöthige Betretung des Ufers und den Flößerpfad in der üblichen Breite ohne Entschädigung zu dulden, insoferne ein Anspruch hierauf nicht durch ein erworbenes Recht bereits begründet ist.*
§ 68 Wo nicht durch Lokalverordnung, Herkommen, besondere Rechtstitel oder Verjährung ausschließende Recht zur Benützung der Triftgewässer oder bestimmte Einschränkungen in der Ausübung der Flößerei bestehen, ist diese Jedermann gestattet, jedoch unter Beobachtung der zur Regulierung dieses Gebrauches bestehenden aber von der Staatsregiegung zu erlassenden Anordnungen,

---

[66] Kreis-Amtsblatt Nr. 83 vom 9. October 1857; vgl. auch StAAugsburg: Regierung Schwaben 1871, Nr 14063

Soweit nicht erworbene Rechte entgegenstehen, können für die Benützung der zur Flößerei dienenden Vorrichtungen entsprechende Gebühren erhoben werden.

§69 Für Beschädigungen, welche den Ufereigenthümern, den Besitzern von Triebwerken und anderen Betheiligten durch die Ausübung der Flößerei unmittelbar verursacht worden, sind, insoweit bereits erworbene Rechte nicht entgegenstehen, oder die Beschädigungen nicht als eine natürliche Folge versäumter Unterhaltung der Ufer oder Triebwerke u.s.w. erscheinen, diejenigen ersatzpflichtig, welche die Flößerein ausüben.

Die Festsetzung der Entschädigung geschieht in Ermanglung gütlicher Uebereinkunft durch die Gerichte.

§ 70 Jeder Fluß oder Bach kann durch die Staatsregierung oder mit ihrer Bewilligung durch Dritte zur Flößerei mit Block= oder Scheitholz neu bestimmt und eingerichtet werden. [...]

§71 [.....]

§ 72 Der Staatsregierung bleibt es vorbehalten, zur Regelung und Leitung der Flößerei Triftordnungen zu erlassen, und insbesondere die Entschädigung und Gebühren für den Stillstand der Triebwerke und die bei denselben zu leistende Beihilfe , sowie für die Benützung der bestehenden besonderen Vorrichtungen für die Flößerei festzusetzen. [67]

1781 beschwert sich die Stadt Kaufbeuren, daß die Flößer an den Uferbauten die Pfähle abhauen, um so die Floßhölzer leichter in die Wertach zu rollen. Das Kloster Irsee macht den Vorschlag, daß die Flößer Bretter auf die Pfähle legen. Die Stadt, die die Flößer scheinbar besser kennt, beantragt, sie sollen unterhalb der Brücke anbinden und dort den Holzlagerplatz anlegen,.[68]

---

[67] Christian Stoll: Das Bauwesen im Königreich Bayern, München 1867
[68] Axel Schilcher: Geschichte des Dorfes Schlingen, 1957, S. 99

1890: dem Zimmermeister Johann Natterer für Zimmermannsarbeiten auf der Floßfahrt am Wehr [bei Türkheim].[69]

1892: dem Schreinermeister Prestele für Schreinerarbeit zur Floßfahrt der Wehr [bei Türkheim].[70]

[69] Gemeinderechnungen Türkheim 1890, wohl Gemeindearchiv Türkheim
[70] Gemeinderechnungen Türkheim 1892, wohl Gemeindearchiv Türkheim

Flößer

1753 ist ein Franz Zech *Preubauer zu Ettringen* erwähnt, *der untter allen hiesig*[71] *christlichen Unterthanen so an dem Wertach Flus behause seyen*[…] *weillen von diesem und sonst kein anderer Unterthanen zeitweis auch mit Flössen nacher AugsPurg abgefahret mit Holzwerck.*

Auf der Karte über die „Flößerei in Schwaben um 1850" ist Pforzen als einziges „Flößerdorf" eingezeichnet.[72] Flößer gab es jedoch auch in den Dörfern Schlingen, Frankenhofen und Stockheim. Diese lagen an der Wertach und in der Umgebung gab es Wälder, welche Holz zum Flößen lieferten. Das Holz wurde dann in Flussnähe gelagert, bis die Wasserführung der Wertach eine Flößung erlaubte.

Zu einer eigenartigen Auseinandersetzung kam es 1761 in Schlingen zwischen den Bauern und den Söldnern von Schlingen. *Da der Amann die Rinden von den Floßhölzern bereits zusammengeräumt hat und den Platz auf der Roßweid, wo solche gelegen, gesäubert hat, solches auch künftighin allwegen zu tun versprochen hat, hat dieser Punkt seine Erledigung.*[73] 1778 sollen auf einem kleinen Lagerplatz in Schlingen 592 Flöße gelagert gewesen sein. Die Gemeinde verlangte pro Floß einen Kreuzer Lagergeld. Der Flößer Xaver Bartenschlager zahlte 1828 für 60 Ster Holz einen Gulden Lagergebühr in Schlingen. 1840 waren 18 fl und 1855 8 fl Lagergebühr fällig. Dann verschwindet dieser Posten aus der Gemeinderechnung.[74]

---

[71] Gemeint sind hier nur Untertanen der Herrschaft Schwagegg.
[72] Karl Filser: Die Flößerei in Schwaben um 1850, XI.10 Karte des Hist. Altaas von Bay.-Schwaben.
[73] Alex Schilcher: Geschichte des Dorfes Schlingen, 1957, S. 99
[74] Alex Schilcher: Geschichte des Dorfes Schlingen, 1957, S. 99

Flößer in Pforzen (internet: kreisbote)

Flößer	Ort	Erwähnung
Michl Mayer[75]	Schlingen	1641
Georg Neuthrer	Stockheim	1682
Georg Lutz	Stockheim	1682, 1683
Joseph Weis	Frankenhofen	1704
Joseph Hacker (Hager)	Stockheim	1704
Joseph Deismüller	Frankenhofen	1704
Johann Schmidt	Pforzen	1704
Franz Zech	Ettringen	1753
Johann Starck	Stockheim	1760
Bock	Leinau	um 1760
Johann Dechant	Schlingen	1763
Johann Asmuth	Pforzen	1763, 1764
Johann Degenhart	Schlingen	1763, 1764
Karl Zendat	Schlingen	1763

---

[75] genannt „die Flößer", vgl. Alex Schilcher: Geschichte des Dorfes Schlingen, 1957, S. 99

Joseph Holzhey	Schlingen	1763
Joseph Weiß (Weis)[76]	Frankenhofen	1763, 1765
Matheis Kempter	Pforzen	1763, 1765
Abraham Lang	Pforzen	1763, 1765
Joseph Hager (Hacker)	Stockheim	1764
Godfried Prestele	Pforzen	1764
Joseph Ybele	Pforzen	1764
Joseph Hailer	Stockheim	1765
Joseph Weis	Frankenhofen	1765
Joseph Schmid	Pforzen	1765
Johann Stark	Stockheim	1766
„Oberer Brugger"[77]	Schlingen	1769
Georg Peter	Pforzen	1846
Johann Schöner	Stockheim	1846
Joseph Anton Maier	Schlingen	1846
Benedikt Kurz	Frankenhofen	1851
Johann Scholzner	Stockheim	1851
Sebastian Albrecht	Pforzen	1851
Xaver Grönner	Pforzen	1851
Franz Wetzler[78]	Schlingen	1852, 1859
Franz Gronau	Pforzen	1853
Franz Wetzlar	Schlingen	1859

Das Flößen war nicht ungefährlich. So ertrank am 14. April 1769 der „Obere Brugger" aus Schlingen beim Flößen und am 17. April 1859 ereilte Franz Wetzlar aus Schlingen das gleiche Schicksal.[79]

---

[76] Müller von Frankenhofen

[77] Ertrank am 14. April 1769, Alex Schilcher: Geschichte des Dorfes Schlingen, 1957, S. 100

[78] Ertrank am 17. April 1859, Alex Schilcher: Geschichte des Dorfes Schlingen, 1957, S. 100

[79] Alex Schilcher: Geschichte des Dorfes Schlingen, 1957, S. 99

Das Floß

1683 wird erwähnt, dass *Georgen Luz von Stockach* [Stockheim] *vor 1 ½ zöhlige Falzprötter dann Gemaine auch vor zwey Flös besag Zweyer schein zahlt 50 fl 53 x.* Um diese Zeit ist *von Georg Neuthrer aus Stockach* [Stockheim] *ein Floß von 9 Stämmen und 70 gemessenen Brettern gekauft worden.*[80] *1752 wurden 31. Bäume zu vier Flößen zusammengestellt.*

1761: *die Ladungen der Flösser so werdent ¾, 1 ¼ 1 ½ und 1 ¾ tl auch 2 zöhlige Brötter, 3: und 4 zöhlige Läden, Puechen und Thannen, Scheitter-Holz, Latten und Rembling versichert.*

Um 1761 war ein Wertachfloß ungefähr *40 schuh lang* (ca. 11,6 m) und *6 bis 7 Paumb braitt.*

Zum *Schutz der Wasserbauten u Weidenpflanzungen an Verlandungen u. Böschungen* wurde 1871 von der Regierung Schwaben und Neuburg 1871 an folgende Bestimmungen vom 5. Oct. 1857 erinnert: *1. Die Breite der Flöß wurde ohne Ausnahme* […] *an der Wertach auf 19'*[81] *beschränkt.*

1861: *Zur Flößerei d.h. zur Bringung von Langholz und Brettern in gebundenem Zustande wird von Privatpersonen die Wertach von Pforzen ab auf circa 10 geometr. Stunden*[82] *Länge mit kaum 300 Klafter Nutzholz* […][83]

Nach einem Regierungserlaß von 1871 galt: […] *2. Kein Floß (darf) schwerer beladen werden, als daß noch dessen obere Fläche wasserfrei bleibt. 3. 40ger oder noch aus längern Stämmen bestehende Flöße müssen von wenigstens 2 erprobten und gewandten Flößern geführt werden.* […] *6. Damit Floßführer erkannt und im gegebenen Falle gegen dieselben eingeschritten werden kann, muß jeder Flößer mit einer vom Lande aus leicht*

---

[80] Luitpold Schuhwerk schreibt als die Bergmüller nach Türkheim kamen, in „Materialien zur Bergmüllerforschung", H. 1, S. 8:

[81] `1 Fuß = 29,1 cm. 19' = 5,5 m

[82] 1 geom. Post- oder Wegstunde = 3,707 km

[83] „Die Forstverwaltung Bayern", 1861

kennbaren, mit weißer Oelfarbe angestrichenen Standarte versehen sein, auf welcher der Name des Flößers an den beiden Seiten mit großer und deutlichen Buchstaben in schwarzer Oelfarbe geschrieben ist. 7. Floßführer und Schiffer sind verbunden, auf Anrufen jedes durch seine Dienstkleidung oder sein Dienstzeichen kenntlichen Polizei=, Bau = und Forstschutz=Personals an der nächst gelegenen Stelle zu landen. [84]

rekonstruiertes Floß in Pforzen

Am 17. Mai 1871 erläßt die Kreisregierung eine Vorschrift über die „Bemannung der auf der Iller und Wertach gehenden Flöße", auch um Uferbeschädigung zu vermeiden. Danach müssen, bei größeren Flößen, mindestens zwei Flößer das Floß lenken.[85]

---

[84] Kreis-Amtsblatt Nr. 83 vom 9. October 1857; vgl. auch StAAugsburg, Regierung Schwaben 1871 14064
[85] Kreis-Amtsblatt Nr. 83 vom 9. October 1857; vgl. auch StAAugsburg, Regierung Schwaben 1871

Herrschaftsgebiete, Zoll

Die Flößer mussten auf der Wertach mehrere Herrschaftsgebiete durchfahren, wie

Reichsstift Kempten
Reichsstadt Kaufbeuren
Reichsstift Irsee[86]
Herrschaft Mindelheim (kurbairisch)
Herrschaft Schwabegg (Türkheim) (kurbairisch)
Hochstift Augsburg
Reichstadt Augsburg

1737 wird erwähnt, dass die Wertach von Nesselwang aus durch zwölf Territorien fließt. Bei einer Flößung oder Holzschwemmung mussten von allen Herrschaftsinhabern eine Erlaubnis eingeholt werden.[87]

1625 wendet sich der Pfleger der Herrschaft Mindelheim an den Ammann von Stockheim (das Dorf gehörte zur Pflege Mindelheim) und ordnet an, dass die Stockheimer Flößer in Zukunft nicht ohne einen *Passierzettel* mit ihren Flößen losfahren dürfen.[88]

1626 gibt der Abt des Klosters Irsee die gleiche Weisung an die Ammänner in Ingenried, Schlingen, Ketterschwang, Rieden, Pforzen, Leinau, Mauerstetten und Irsee.

Am 3. Mai 1704 lautet ein Schreiben an die kurfürstliche Hofkammer: *[...] welchergestalten Wir an Bäum und Pauhölzern dermahlen miteinander 600 Stuckh vorräthig auf dem Platz ligent*

---

[86] Hans Frei (Hg.): Das Reichsstift Irsee, Weißenhorn 1981, S. 137
[87] Josef Deißler Trift und Flößerei auf Lech und Wertach, in: Alt Füssen Nr. 20, 21, 3. Jg. 1927
[88] Walter Eberle: Irseer Flößermetten, in: Kaufbeurer Geschichtsblätter, Bd. 14, Nr. 10, 1998

beynandten haben und solche Theilss nacher AugsPurg und Theills in die dorthige gegendt und Nachbahrschaft verführen und Versilberen zekönnen, gleichwie nun aber keineswegs erlaubt seyn will derley Holz auf der Werttach durch des Churbayrische Teritorium füehren zu derfen ausser man seye mit einem gdsten [gnädigsten] Pass versechen und es werden ab iedem Stuckh 6 x zu einem wasser Zohl dem H.H. Zollner zu Kürchdorf [Kirchdorf] verreicht,[…]

Zu anderen Zeiten müssen die Flößer 18 xr pro Klafter Holz zahlen, wenn sie durch Wittelsbacher Herrschaftsgebiet flößen wollen.[89]

Am 31. Oktober 1740 erkundigen sich die *Vorgeher von Preuen* [Bräuern] aus Augsburg bei Christoph Dobler, Verwalter der Herrschaft Schwabegg, *ob dis holz ohne zohl oder vermautung zu lassen seye? Nun ist Eur Wohledlgebohrene von selbsten bekannd das die wertach frey von alem zoll sei auch bey letzter herabschwemmung dies fahles nichts entricht und die vonAugspurg die freye zufahr ob dem fluß eingeschwemmt worden, wo zumahlen uralte privilegien hierüber vorhanden sein, die die freyheit des Wertachsfluß zimlichermassen zugebrauchen gibt.*
Antwort von Christoph Dobler an die Stadt Augsburg am 1. November 1740: Es gibt diesbezüglich keine neuen Bestimmungen. *Belangend die dermahligen vorhabente von 1000 Clafter in 3 schuech lange Scheitten besehente Holzschwembung, von Irrse nacher augsPurg, vermainte es were von darumben nit schedlich, weill dardurch verhiettet wurde, das das holz alhisiges refier mit in einen so hochen werth stehen khundte massen ansonsten bei gemelter Statt so gegen Holzmangl nit zurichttig das es dann und wan was hienaus wischet die vilobte ReichsStatt augsPurg sich verobligiert wann mitls solch Schwembung an denen*

---

[89] Alex Schilcher: Geschichte des Dorfes Schlingen, 1957, S. 99

Prüggen, Wuhrs und in anderweg weile .ein schaden cunsirt werd solle, solch unwaigerlich zu erseyen.

An den kaiserl. Pflegsverwesen zu Türkheim Johann Christoph Dobler von der Stadt Augsburg, wegen Holzflößung auf der Wertach vom 23. Mai 1742:
Vielgeehrter Herr PflegsVerweser
Welchergestalten Hironimus Mayr et Cons: samentlich Pierpreuen alhier Unterthenigist einkommen und gebetten 1200 Clafter Holz, so dieselbe in der Herrschaft Apfeltrang negst Kaufbeyrn erkaufft, auf den fluß ,Wertach durch das Mündlheimb und Türckheimb.: Trüften: und anhero nacher AugsPurg bringen zu derfen,[....]
AugsPurg den 23. May ao 1742
Geheimer Rat und Hofcammer Praesident

Am 1. Juli 1744 erlauben *Wür Carl der Siberte*[90] für *die Freye ReichsStatt AugsPurg an herunter schwemmung auf der Wertach des von der daselbstigen Preuschaft* [Bierbräuer] *zu unentböhrlicher beschlagung ihrer Preustädten und etwelcher erleuterung ihrer Mitbürger im Oberland erkaufft und in 1500 Clafter bestehenten Holzes* durch die Gebiete Mindelheim und Schwabegg, nachdem sich *einige Difficulten seitens hiesiger Bischöflichen Regierung durch bischöfliches Territorium* beigelegt wurden.

1752 weist die Reichsstadt Augsburg auf das Recht zum kostenlosen Flößen auf der Wertach hin: *mit dem allgemeinen Natur= und Völker=Recht denen alten Römischen und Teütschen Rechten der lezten Kaysl. Wahl= Capitulation und dem disseits von Kayer Ludwig dem IV^{ten} allschon in Anno 1346 erhaltenen Privilegio.*

In einem Schreiben von Kurfürst Maximilian Joseph 1760 wird festgestellt, dass im Land Holzmangel herrscht und deshalb

---

[90] Karl Albrecht von Bayern (1697 – 1745), ab 1742 Kaiser Karl VII.

Holz nur mit behördlicher Genehmigung ausgeführt werden darf. Für das Flössen von Holz soll *neben der sonst gewohnlichen Maut absonderlich ein Ausfuhrs=Concessions=Geld, und zwar ab jeder Clafter (zu 6. Schuh hoch, und 6. Schuh breit, und von 3 ½ Schuhiger Scheiter=Lange gerechnet) bey dem harten Holz 30.kr., bey dem weichen Holz 15. kr., und bey dem Müschling 20 kr. ... verrechnet werden. ...Ob Wir zwar die ausser Lands=Bringung allerhand Floß=Bäumen, wie auch der in Unseren Laanden gemachten Schiffen, wegen der eigenen Bedürfnuß unter obigen Verbott überhaupts begriffen, und daß deren Ausfuhr ohne Paatent bey Confiscation nicht verstattet werden, gleichfalls verordnet haben wollen; So limitiren Wir dises dennoch hiemit ausdrucklich dahin ,daß die Ausfuhr ausgedienter alten Schiffung gänzlich ohnverwehrt, hiernächst auch Unser im land ansäßige Schif= und Floßleuthe mit Schiffen= und Flössen kraft dis allemal ausser Lands zu passiren befreyet seyn sollen*

1760 wird vom Kurfürsten eine in seinen ganzen Herrschaftsgebieten geltende *Taxation Was auf die Ausfuhr des Innländischen Holzes zum Concessions=Geld, einzubringen ist* erlassen.

TAXATION

Was auf die Ausfuhr des Innländischen Holzes zum Concessions-Geld, einzubringen ist.

bringen ist.

Verfaßt den 26. Martii Anno 1760.

		ff.	kr.
§. 1. Von einer Bau-Eichen halbfüderiger Grösse, das ist, übern Stock 1½ Schueh dick.		1.	
§. 2. Von einer füderigen Bau-Eichen, das ist, übern Stock 2½ Schuh dick.		1.	30.
§. 3. Von einer noch stärckeren Bau-Eichen.		2.	
§. 4. Von einem eichenen Saag-Block, oder Schneid-Baum.		3.	
§. 5. Von einem kleinen Eich-Reißl, oder sonst kurzen Stuck Eichen überhaupts.			30.
§. 6. Von jedem Stam langen Floß-Baum.			12.
§. 7. Von jedem Stam kurzen Floß-Baum.			8.

P. M. Von diesen auf die Floß-Bäum gelegten Concessions-Geld, seynd die inländische Floß-Leute in favorem der Floßfahrt frey, wann sie solche beladener ausführen. Soferne sie aber nur leere Flöß aus, und Fremden zuführeten; wären sie die vorstehende Gebühr zu erstatten schuldig, und solle für einen beladenen Floß passirt werden, welcher zum wenigsten halbe Ladung hat.

		ff.	kr.
§. 8. Feichtene Bau-Holz, und zwar die, so in der Länge 40. und in der Stärcke am kleinen Ort einen Werkschuh oder darüber haben, jeder Stam.		1.	
§. 9. Mindere dito von 8. Zoll, bis gegen einen Schuh dick am dinnen Ort, und voriger Länge.			45.

noch

	fl.	kr.

§. 10. Noch geringere dergleichen von 5. bis in die 8. Zoll am kleinen Ort. — 30.

§. 11. Von Gerist, Rafen, oder Strähe-Bäumen, jeder ab 60. Schuh derselben. — 10.

§. 12. Von Hopfen, Rueder, und Leitter-Stangen ab jeden Stuck. — 1.

§. 13. Von einem Feicht-Baum. — 30.

§. 14. Von einem feichtenen Saag-Block, weil deren Ausfuhr bey Confiscations Straf, ohne Special-Conceſſion verbothen. 1. 30.

§. 15. Lerchen, Buchen, Bircken, Ahorn, Kirsch-Birn und andere dergleichen Bäum, so für auswärtige Handwercks-Leut verführt werden, ab jeder Läng zu 10. Schuh. — 12.

§. 16. Schopper, und Kyf-Holz; weil deſſen Ausfuhr bey Confiscation verbothen. — —

§. 17. Eichene Kuef-Taufl dem Pfund nach, und zwar von jedem Schuh seiner Länge. — 24.

Wornach e. g. vierschuhige Tauflen vom Pfund zahlen 1. 36.

§. 18. Feichtene Kuef-Tauflen sind auf das Dritl des Taxes derer eichenen belegt, als das vom Pfund e. g. der vierschuhigen zu entrichten. — 32.

§. 19. Von alt oder neuen Väſſeren, welche auſſer Lands geführt werden, ist ab jedem Emmer einzubringen. — 3.

Dieſes verstehet sich auf diejenige, welche um Wein mit leeren Väſſeren ausfahren, doch dergestalten, daß ihnen von denen Väſſern, welche sie wiederum zuruck hereinbringen, die bezahlte Gebühr gegen Einziehung der Polliten wiederum zu erstatten kommet.

§. 20. Eichene Läden, von jeden Zoll ihrer Dicke. — 8.

§. 21. Deto Rämling auch ab jeden Zoll der Dicke. — 8.

§. 22. Feichtene Läden von jeden Zoll der Dicke. — 2.

§. 23. Falz-Brötter jedes Stuck. — 1.

§. 24.

		fl.	kr.
§. 24. Gemeine Anschlag Brötter, Schwärdling, Deck, oder Strähe-Läden das Stuck.			½
§. 25. Feichtene Rämling ab jedem Zoll der Stärcke.			2.
§. 26. Latten das hundert.			24.
§. 27. Schindlen, und zwar deren von harten Holz, als besonders lerchene, ab jedem tausend.		1.	30.
§. 28. Schindlen von weichen Holz.			36.
§. 29. Von Mußlen zu Schindlen, weil deren Ausfuhr nicht zu verstatten.			
§. 30. Alles Raiffholz, wie auch gebundene Raiff ist bey Confiscations-Straf auszuführen verbotten: also davon einzubringen.			
§. 31. Brennholz hartes, als Buchenes, Eichenes, Birkenes jede Clafter zu 6. Schuh hoch, und 6. Schuh weit, die Scheitter-Länge aber zu 3½ Schuh gerechnet, bezahlt zum Concessions-Geld.			30.
§. 32. Von einer gleich grossen Clafter weichen Brennholzes, als Thanen, Aspen rc. die Scheitter-Länge dessen aber zu 3½ Schuh gerechnet.			15.
§. 33. Von Mischling Brennholz, wann nemlich unter dem weichen die Helfte hartes Holz untermenget ist.			20.
§. 34. Von einem Fuder Bauschen.			8.
§. 35. Von Lohe, ab jedem Münchner-Schäffl.			20.
§. 36. Von jedem Kübl Kohlen.			3.
§. 37. Von denen im Land gemachten Schiffen, wann sie beladen hinaus geführt werden, zu Favor der Schiffart.			

Wann sie aber leer aus, und fremden Sißleuthen zugeführt werden wolten: seynd sie nicht zu paßiren, massen die Ausfuhr bey Confiscation verbotten ist. Doch ist die Ausfuhr alter ausgedienter Schiffen frey erlaubt.

§. 38. Von allerhand im Land verfertigter Holz-Waar kommt einzubringen.

§. 39. Auf das auswärtige durch die Chur-Lande nur zu transitirende Holzwerck hat allwegen das erst betrettende Churfürstl. Mauttamt eine Transito-Paß-Polliten zu ertheilen, und also die dißfalls bevorstehende Unterschleiffe möglichst zu præcaviren.

Am 11. September 1762 bittet Joseph Oberst von der Vogtei in Schwabmünchen den Hofkammerrat und Pflegskommissar in Türkheim um die Erlaubnis, dass Abraham Lang, Flösser von Pforzen, *Pau-Hölzer, bretter und latten* auf der Wertach transportieren darf.

Am 19. August 1762 teilt das Pflegamt Türkheim mit, dass *nun zu keiner Zeit ein Floß ohne gdiste* [gnädigsten] *Paßport* auf der Wertach flössen kann, will man die Wertach mit Ketten bei zwei Brücken sperren. Von *disen zweye Prückhen befündet sich die Erste in der Herrschaft Mündelheimb zu Stockheimb, und die andere in der Grafschaft Schwabeck zu UnterIrsingen.*

In einem Schreiben von Türkheim an die Hofkammer nach München am 14. September 1762 wird erläutert, dass sich jeder Flößer an das wohl nur temporäre Floß-Verbot hält, dass es aber nicht möglich ist, dies genau zu kontrollieren, da die Wertach nicht direkt durch Türkheim fließt. Da es in den betreffenden Herrschaftsgebieten zwei Brücken über die Wertach gibt, eine bei Stockheim, Herrschaft Mindelheim, und eine bei Unterirsingen, Herrschaft Schwabegg, sollte man hier Ketten anbringen, um die Flossfahrt zu unterbinden.
Die Hofkammer ordnet am 28. Oktober 1762 an, die Sperrung mit Ketten an den beiden Brücken durchzuführen und auch bei der Brücke bei Hiltenfingen die Wertach mit einer Kette für die Floßfahrt abzusperren.

Am 24. März 1763 flößten *Johann Aufmuth und Abraham Lang et Cons: alle Herrschaft Irsee untertanen* 2800 Eichen auf der Wertach nach Augsburg. Dafür müssen sie insgesamt 283 fl, also ca. 6 x pro Eichenstamm, Zoll bezahlen.

Am 18. August 1763 wird der *Herrn Gabriel Praun Churfrstl. Weeg-Zohlern zu Kürchdorf* [Kirchdorf] von der Hofkammer in München aufmerksam gemacht, *des sohin die Pruckh beim*

Leuthshaus [Zollhaus] *Unterirsingen widerumben eröffnet werden müsst*

Am 20. Mai 1763 erhalten *der reichsgotteshaus Irsee untertanen Johann Aufmuth et Consorten* von der Hofkammer folgende Rechnung:
2811 Stangen Holz ausführt 28 x
Siglgelt 2 Conceßionsgeld 281 fl
Dies entspricht ungefähr 6 x pro „Stange Holz".

Am 16. August 1763 fragt *Johann Ignazi Maria Wolfgan Jakob Sulzen*, Augsburger Proviantmeister, beim kurfürstlichen Kammer-Rat und Pflegs-Komissar Roggenhofer in Türkheim nach, warum *die freye Floßfahrt auf der Wertach gegen hiesige Stadt* nicht stattfindet. Die Antwort: Augsburg hat sich nicht an die vereinbarten Bedingungen zur Flossfahrt gehalten.

Am 26. August 1763 stellten *Johann Aufmueth und Abraham Lang, Flößer aus der Herrschaft des Reichsstifts Irsee*, an die Hofkammer in München den Antrag, *ausländisches Holz* auf der Wertach durch die Herrschaftsgebiete Mindelheim und Schwabegg kostenlos flößen zu dürfen. Die Hofkammer lehnte ab.

Ebenfalls 1763 genehmigte die Münchner Hofkammer dem Franz Xaver Seeried, Bedienter des Weihbischofs Adelmann von Adelmannsfelden (*1721, Weihbischof 1750, + 1787) *sein von dem Reichsprälaten von Irsee geschenktes Holz für den Hausnotdurft*, kostenlos über die Wertach durch die Herrschaften Mindelheim und Schwabegg zu flößen.

1763 erhalten die Flößer Abraham Lang und Johann Aufmueth *et Cons: sambentlich Reichsgotthaus Yrrseesch Underthannen*, von der kurfürstlichen Hofkammer in München die Erlaubnis, 2811 Stämme für eine Zollgebühr über 6 kr pro Stamm *durch des Türkheimbische territorium auf dem Werttach fluss nacher Augspurg zu verfiehren.* Unklar ist dem Zoller von Kirchdorf, der für die Wertachbrücke bei Unterirsingen zuständig ist, wieviel Zoll für *Pretter und Läden vor einen Floßbaumb anzunehmen oder paßieren zu lassen hat?* Die kurfürstl. Hofkammer legt fest, *des Er indessen 8 bis 9 Prötter nachdem dis dünn oder dick seyen: Von denen 5 zöhligen Läden drey und von 4 zohligen Läden Vier Stuckh vor einen FlosBaumb notiren solle*

Ein Problem ist, dass der Zoller in Kirchdorf wohnt und immer zur Wertachbrücke nach Unterirsingen kommen müsste, um den Zoll zu kassieren: *das Er hirob schen verrechnung bestehen in so ist als ainige flöss ankhommen, vom Zohlhaus Kürchdorf iederwegen, aigens 1 ½ Stund weith bis auf die Werttach Pruckh zum aufmachen der gespöhrten Werttach Pruckhen dann abzöhl: und Notirung der Flosser Päumb, Prötter, und Läden abgehen: auch öfters einen ganzen Tag Vertragen. Und sein aigenes gelt in dem disseistigen Wirtshaus Unterirsinninger Verzehren müssen.* Deshalb stellt sich der Frage, ob der Kirchdorfer Zoller sein *Verzehrungskosten* von dem eingenommenen Zoll abziehen kann oder ob sein Verzehrgeld zusätzlich die Flößer zu zahlen haben. Die Anwort der Münchner Hofkammer: dass *in ansicht der weitern entlegenheit des Zollers zu Kürchdorff und weillen iederwegen mehrers flöss ankommen folglich mit eröffnet und widerumige versprrung der Wertach Pruckhen , dan abzöhl und Notirung dess Holzwerckhs gemeiniglich ain ganzer tag vertragen werden muss, ihme zohler auf einen ganzen tag 1 fl und sohin auf einen halben Tag 30 x zum Deputat bezalt: und Paßiert werden kenten.* Die Lösung ist salomonisch: die Hälfte der Unkosten des Zollers aus Kirchedorf soll vom Zoll weggehen, die andere Hälfte sollen die Flösser bezahlen.

Das Holzschwemmen auf der Wertach durch wittelsbachisches Gebiet wurde wohl 1761 vom Pfleggericht Türkheim verboten. *Da nun aber der Amann von Pforzen Joh Aufmuth in aigenem und der übrigen daseitigen Flößern Nahmen* plötzlich verboten wurden ist *in desto beträchtlicherer Schaden* entstanden, da Holz schon gefällt war, was nun nicht mehr auf der Wertach abgeführt werden konnte. Man will deshalb *die Sache höchster orten in die Weege einleiten.*

Die Hofkammer antwortet, dass man *die Prücke zu Unter=Irsingen der gnädigst Euch anverthrauten immediat grafschaft Schwabegg in Jurisdiction Wören lassen: und also verwahret halten sollet, damit ainiger Flos oder Holz ohne Unser Gnödigsten Specila Verwilligung wird pasiren: noch abgetrüfet werdn könne, auf dessen gleichmessige beobachtung Wür unseren Zohlner zu Kürchdorf sub hordirno des behörge ebenfahls haben bedeutten lassen. Ihr habt Euern untergebenen Amtleuthen auch dem gemessensten amtsauftrag dahin zumachen, das selbe zu Hültefingen, als beym ausgang Unserer Grafschaft Schwabeggische Jurisdiction auf die etwa oberhalb ohnherrschende durchwischende Flosfarther genaueste amts Röckh halten sollen.*
München den 15ten 8bert ad 1762

Betreff: *26.1.1764, von der Münchner Hofkammer, was den Zoller von Kirchdorf btrifft*
Commercien Depu.tion   Gdister Herr, Herr!
Zu schuldgehorsambisten BeVolgung für Churfrstl. Durchlaucht p. gnädigst anbefelchung vom 12ten Jenner ao dis [1764] *haben Wür einbetref dess dem*
Johann aufmuth und Abraham Lang et Cons: sambentlichen Underthanen der Reichsherrschaft Yrsee, auf einen Ihnen gdist ertheilten Paß auszuführen bewilligte Holzes, uns vermittels eines sub dato 30ten Jenner huis anni erstattet underthänigsiten berichts, ?guettächtlichen Vernehmen lassen, auf was wenig der zohler zu Kürchdorf weegen eröft= und Verspehrung des Wertach Pruckhen, dann abzöhl und notirung dess Flos Holzwerchs dess Rais: und zöhrungsgelts befridiget werden kennt Und in denen auf ferners unterthänigest supplicusion Josephen Weiss mihlers zu frankenhofen Johannes Schmid von Pforzen und Josephen hachhers von Stockheimb umb sellen nitminder eine ausfuhr gdigst gestattet

68

werden mechte, sub dato 24ten May ao [1764] diss erstattet underthänigisten guethachthens berichten haben Wür abmondui solchermassen gebeetengdist zu resolvieren, wehr den beysothannen flos-fahrthen machenden verdienst bemelten zohlers zu Kürchdorf vor das vergangene, iezt und khünftig zu bezahlen habe, gleichwie aber eur churfrstl. Drtl p.[pp = usw] in der wegen gedacht bessere supplicanten sub Dato 14ten inht: anherauf ausge ferttigt gdigst resolution davon allerdings abstrahirt haben der zohler den anheut bey eröfnung dieser gdisten resolution an dringlich gebetten, das falsa ein gdistes Du bewürkhen Also auch haben Eur Chur Drtl wür ferners darumben underthängis belangen und hienächst zu all beharrlich höchsten Hulden und gnaden solchemassen gehorsambist nun empfehlen wollen.
Türkheimb den 26 ten Juny ao 1764

3.8.1764: *Gdister Herr, Herr*
Es wird Bezug genommen auf das Anliegen *von denen Subplicanten namens Joseph Weiss Müller von Frankenhofen und Johann Schmit von Stockheimb dann Joseph Hacker zu Stockheimb* die wollen, dass man das Concesionsgelt für die Durchflössung wittelsbachischen Herrschaftsgebietes auf der Wertach von 8 kr / Stamm auf 6 kr /Stamm gesenkt wird, dass man diesen Zoll nicht mehr beim Zoller in Kirchedorf, sondern beim Zollhaus in Unterirsingen oder in Türekheim zahlen soll.

Es wird aber auch erwähnt, dass der Zoll 1763 von 12 x /Stamm auf 6 kr / Stamm gesenkt wurde. Hier sollte man aber auch bedenken, das auch *mehrerentheils gattungen vongeringsten Paumblen durchgeflösst und nacher AugsPurr gefihret werden, doch aber auch sicher das inweylen vollkhommen schcheuer Schneid= und Saag-Paumb, wie der Zohler zu Kürchdorf erinnert durchpaßieren und annebensweith entbehret das dabey gringe Päumble nur 15 x werth sein wollen, wann schon auch der an=khauf sich auf kein höchers ersteigen*

mag nidern doch gewis und nämliglich bekhand das
altes Holzwerck wie dieses immer …Er wird also einPaumb in den
anderen und sohin die schlechter mit der bessern gattung zu
compensiren sein,
Man will den Zoll also *nit mehr an den zohler zu Kürchdorf:*
sondern entweders auf dem zohl haus Unterirsingen oder zu
Türckheim und zwar nit mehr auf einmahl von den volligen sondern
von dem allzeit flossenten quanto abgefihrt werden solle. allein ob nit
threulich selbst zu ganz zuerlegen? der vortrag gemacht, nachhin
aber, und soler vorgestehlte unmöglichkeit zuegestanden worden,
allwegen beyr durchfahrt dem Zohler von Kürchdorf das durch
flossente bezahlen zuüssen, ohne das die flosser, wie sye vorschreiben
nacher Kürchdorf des wegen aigens gehen oder eine Zeit versamben
[versäumen] dessen stuthemalen zohler, in so alt Supplicanten und
andere Flosser welche des flosser gdist bewillliget ist einen flos
transport auzustellen intentiones seyen unnur tags vorher ehe Sye
nemblichen nacher augspurg zu flossen gedenkhen ein kleins Büebl
nacher Kürchdorf schickhen und denen ankhonft anzaigen derfen wo
? anderen Tags darmit oder wan die anzaig in der fruehe geschicht
wie bishro observiert worden diese nemblich tag noch gedacvhter
zohler iederwegs auf die Wertach-Prückhen abgehen die holzer,
Prötter und andere geschnittene Paar nach bereits vorhandenen
gdister instruk tion abzehlen notirten die gespöhrt Prukhen erstetzen
und Sye flosser ahndan ungehindert Paaßiere lassen kennen ohne
auser aigene Verschulden pgehindert zu werden oder von denen
Hoch-Wässern nit profitiren u khennen. Das aingie was da zur
beschwerd der flosser veranlasst hat, möge selcher im Weeg
umbgehen, das zohler bey abzöhl: und Examinierung der Flösse allzu
aufmerksamst gehe und ? allzurichtige Rechnung mache, volglichen
umzolt des Concesionsgelts nichts durchwischen lassen Eben
deswegen aber wird keine Ursach vorhanden seyn zu gefahlen und?
chur derselben mit der Pruckhen Spör und ConcesionsGelt
einkasierung eine Abänderung vorzunehmen widere erstens die
ansag der ankhommenden Flösse alhier oder auf dem zohlhaus durch

bothen schickhen eben so, wie zu Kirchedorf iedanach bestehen müsste umb die Pruckh eröffnen zu khönne zweytens aintweders alhier oder zu unterirsingen aigne Leuth und besonders Löhnungen zu bestellen, und zu? welche Leuth drittens anderen Brod: und Taglohns gewünnens halber aintweders bey hus nit allezeit anzutreffen werden seyent auch selbe nit anvertraut werden weillen umb eines geringen trinkh gelts willen? etwas zu geschehen würde woran höchst für Chrufst Drtl ? unterliegen müste, [...] Wür seind demnach die ? underthänigste amt Mainung das Suplicanten in an ? des ander? gänzlich ab und dagegenanbisherige ordnung angewiesen werden kennten. Wür wollen iedoch die geringstes ? vorzuschicken uns unterfangen, sondern alleinzu allbeharrlich höchster hulden und gnaden underthänigst gehorsamst empfehlen haben
Türckheim den 3ten augs 1764

1764 liegen an der Wertach *1500 Stuckh theils Schneide-Paumblen mehrern.-theils aber geringe Pauhölzlen*, welche die Flößer Prestele, Ybele und Aufmuth aus den Gebieten der Reichsstadt Kaufbeuren, des Klosters Irsee *und anderen ausherrischen Waldungen* kauften und nun nach Augsburg geflößt werden müssen. Sie wenden sich deshalb an den Kurfürsten und bitten um die Concesion, das Holz auf der Wertach durch das *mindelheimische und schwabeggische* Gebiet, nach Zahlung des *conzesionsgelds* an der Zoller zu Kirchdorf flößen zu dürfen. Der Stamm zu 8 kr.

Am 13. August 1764 wird die Bestimmung erlassen, dass an der Brücke von Unterirsingen[91] 6 x pro Stamm Zoll bezahlt werden muss. Man kann direkt an der Brücke oder bei der Verwaltung in Türkheim bezahlen.

---

[91] Früher Gemeinde Irsingen, heute Gemeinde Türkheim. Heute genannt „Zollhaus".

Expensarium

Johannes degenhart Amann von Schlingen, et cons: wegen der
Floßfahrt nacher AugsPurg betref.:
Verfast den 5*ten* aug.: 1764
Ab dem Bhrt: zur Commercien Deputation dat: 3*ten* aug.

	fl	xr	hl
Pfleg ferttig: gelt	-	40	-
dem Bhrt zu verfassen	1	3	4
Schreib=gelt	-	48	-
Sigl*h*	-	2	-
des Supplicat ad acta abzuschreiben	-	5	-
Pothen-Lohn und eingebgelt	-	9	-
gdist [gnädisgst] Befelchs abschrift	-	26	-
für des Schreiben an den Zohler in Kürchdorf		3	-
	3 fl	16 x	4 hl
Die gdiste Befelches publication wie hinüben-		33	-
Ferners Expensarium dis	3 fl	49 x	4 hl

Joseph Weiss=Müller in Frankenhofen et Cons: in ad Causa betrefen:
Für den Bhrt: dat 3*ten* aug:

Pfleg ferttig=gelt	-	40	-
den Bhrt: zu verfassen	1	8	4
Schreibgelt		48	
Sigl*h*. 3 Pögen	-	6	-
des Cupplicat ad acta abzuschreiben	-	10	-
Pothen Lohn und eingebgelt, samt 1 tägige wartgelt			
	1	10	-
für die Nachrichts Sigl	-	27	-
Und des Schreibens ab den Kürchdorfischen Zohler zur Helften			
	-	13	4
gdigste Befelchs abschrift	-	20	-
Latus	5	3 x	4

Ab der gdisten Befelches sublicationb

Pfleg		10	17	
....				
Latus		33		
Summa	5 fl	36 x	-	

den lezten Aug 1764

Paßierschein

Joseph Weiss zu Frankenhofen et Cons. wegen der Floßfahrt nacher
AugsPurg betr verfaßt den ? Juny 1764
Ob dem = comerzy deputat das
24. May ??

Pfleg fartig Gelt		40 xr	
ohn...	1 fl	8 xr	4 hl
Schreibgelt		48	
Sigl		2 xr	
1?Sigl		27 x	
Pothenlohn und eingebgelt		20 x	
	3 fl	25 xr	4 hl
das memorial ad Actas folgt schreiben		5 xr	
	3 fl	30 xr	4 hl
Vor ein Schreiben an Herrn Zohlern zu			
Kürchdorff zur fel?		13	4
	3 fl	44 xr	

zahlt, verrichten 26 Juny

Exp

Joseph Haggen zu Stockheimb wegen der Flossfahrt weier AugsPurg
betr - verfast den 26ten Juny 1764
Ab dem Bhrs zur Hochlöb Comercien
Dep Dat: 24ten May huius Anni

Pfleg ferttig gelt	20 x
den Bhrs zu verf?ss	34 xr
Schreibgelt	24 xr
Sigl p.	2 x

Abschrift   5 xr

Pothenlohn und eingebgelt_____10 xr____

             1fl 35 xr

vor des Schreiben an H: zohlner zu Kürch=

dorf zur Helften   13 xr 4 hl

zahlt   1 fl 48 xr 4 Hl

Max Joseph Churfürst

Nachdem wir auf Eurer Sub dato 24ten May alhir gehorsamist erstattete 2 Berichten gnädigst bewilliget des die Unterthanen Supplicando eingelangte Flosser benannth Joseph Weismüller zu Frankenhofen und Johann Schmid zu Pforzen beede der Herrschaft Irsee dann Joseph Hacker zu Stockheim Pfleggerichts Mindelheim die aus denen Bischöfl: Augsburgischen und Kaufbeyrischen Waldungen erkaufte baum und Bauhölzer um zwar erstere zwey sechs Hunders , lestere aber dreyHunders Stuck dergestalten auf dem WertachFluß nacher Augspurg beführen mögen das sye iedoch gehalten sein sollen bey iedmahliger abfuhr ab iedem Baum 8 x Conceßions geld bey dem gnädigst anvertrauten Pfleg ghrts zubezahlen also wist ihr sothanen quantität Holz Ihnen Flossern kraft dis paß(ir)en zu lassen. Die betrefende gebihr der mit obigen 8 xr iedesmahlen zu erhollen und uns gethreulich zu verleihen. Allermassen Wir auch unseren Pfleg Chrt Mündelheimb Sub dato anbefohlen, des selbst guete obsicht trage lassen sollen. Damit von denen Supplicanten in selbiger Herrschaft kein Holz aufgekauft und anstatt desse angegebenen ausländisch: inländisches ausgefiehrt werde sind p: München

den 14ten Juny ao 1764

Joseph Weiss Müller zu Frankenhofen, und Johann Schmidt zu Pforzheimb dann Joseph Hager flösser zu Stockheim geben dem Mindelheimer Pfleger zu bedenken, dass die „Steuer" für die Durchflössung der wittelsbachischen Herrschaftsgebiete

Mindelheim und Schwabegg *der Zohl schon die helfte des Werthes was der Baumb ybersteigen würde.* Ein Ärgernis ist für sie auch, dass *von Porzheimb aus 4 Stunden weith nacher Kürchdorff zum Zollner abgehen und die Flossung alda ansagen müssen wo entzwischen unter solcher Verwilligung bis der Fahl gezahlen würdet, des Wasser wiederumb verlauffet,* Sie regen deshalb an, dass *entweeder sich zu Türckheim oder zu Irrsingen auf Zohlhaus der gehörige observirt und von darauf die nöthige verfügung gemacht wurde Gelanget solchenmach auf an Eur Churfrstl Durchlaucht p unserdieselbe geruehen genädigst in betracht dieser beweg gründten haubtsächichen den zohl nach denen von höchst dero zollern zu Lechhausen und anderen Beambten, welche diese alltzustarckhe höcherungen von selbsten und anbey erkennen d des uns diese schwer fahlen muss underthänigist erstatteten berichten bey 6 xr ab ieden Stamb gleich vor einem Jahr verrichtet worden, zu belassen, in ybrigen aber uns ebenfahls zuverwilligen, und disfahls das nöthige behöriger orthen schleinigist zu erlassen auf dem zohlhaus, zu unterirrsingen und auch keines weegs gleich anfänglichen nach dem ganzen sondern jedtmahligen herein flössungs qquanto erteihlten dörffen. In welcher getröstung underthänigist gehorsamst empfehlen zur Churfstl. Drtl: pp: Underthänigst gehorsambst chr. Pflegghrts Mündelheimb*

1764 ersuchen die Flößer *Joseph Weis müller von Frankenhofen , Johann Schmid von Pforzheimb und Joseph Hackler von Stockheimb* die Hofkammer, *umb das auf ieden auf der Werttach abführenden Stamb holz Pr 8 x determinierte concesions geld vermindert:* dieser Zoll *nit mehr an den zohlhaus zu Kürchdorf* [Kirchdorf] *sondern auf dem Zohlhaus zu Unterirsingen, ober bey pflegamt entrichten auch nit mehr auf einmahl von dem völligen sondern nur alzeit von dem abflossenden quanto bezallen zu derffen verwilliget werden möchten, sub dato 3. diss erstatteten bricht hinwider ohnverhalten das Wür es bey Euern abgegebenen guettachten belassen, sohin das*

concesions geld von denen vormalig anbevolchenen 8 auf 6 x ab jedem Staamb moderirt dargegen aber die supplicanten
Die Hofkammer will, dass die Flößer *sothannes concesions geld allwegen, wie vorhin zu Kürchdorf und aber nicht auf einmahl von dem Verwilligten ganzen quanto sondern ieder zeit von der Verfiehrenden anzahl sohin nach und nach abzufiehren gehalten seyn sollen,* Die Hofkammer reduziert auf 6 kr/Stamm. Sie weist aber ausdrücklich darauf hin, dass nur *ausländisch kein Inländisches Holz* abgeflößt werden darf.

1764: dieselben gnädigst geruhen ein zu abführung ermelten 1500 Stück einen Paß dergestalten zu ferttigen zu lassen das ich solche bis zur Zollhaus Priggen zu Unterirsingen iederzeit abfiren und nachdem die Stuckh durch den Churfrstl. Zollner zu Kürchdorff ordentlich abgezöhlt und mit 6 xr verzohlet sein worden auf der Werttach abzuführen befugt sein möge.

Die Müllerin Schuster aus Radau bittet den Herrschaftsinhaber der Herrschaft Schwabegg, dass sie das Holz aus ihrem Wald bei Wiedergeltingen und Beckstetten, welches sie in Radau benötigt, kostenlos durch die Herrschaft flössen darf. Sie argumentiert, dass das Holz *von einem Gebiet des incorporierten Closter Staingadischen hofmarch wiedergelting stammt, und das hochstiftlich augsburgische Pflegamt in Buchloe die hier die Jurisdiktion hat, es also sohin kein* [kurfürstlich] *inländisches Holz ist, dann das hiemit kein Handl getriben, sondern selbiges für die Radauer Mühle benötigt* wird. Deshalb bittet die *Supplicantin, das gebettene holzwecks, ohne concessionsgelt frey passieren zu lassen,* da die *Supplicantin keinen Handel treibet sondern so obbenanntes Holzwerck zu aigenen gebrauch nöthig hat nit soviel als denen ienigen flos-Leuthen auslege, welche denen Holz zum verhandeln nacher AugsPurg verflößen und bishero wie Eur Chrufstl Drtl selbst gndigst bekhandtab iedes Stuckh 6 xr entrichten müssen.* Die kurfrstl. Hofkammer bleibt allerdings dabei, dass die Müllerin 6 xr *concesiongeld ab iedem Stam abführen möge.*

1765 erhalten *Matheus Kempter und Johann Schmidt, beiden Flossern zu Pforzen der Herrschaft Yrsee, underthänigist* von der Münchner Hofkammer die Erlaubnis, *2000 Flos-Baumb so ausser landts in yrseel.Reichsstatt Kaufbeyerl. und Hochstift augsburgl bezürckhen aufgekkauft: und am Wertach-Fluss zusamben gefihrt worden gegen abraichung des concesions-gelt* [von 6 kr pro Stamm] *, nacher Augspurg auf gedachten Flos durch hisiges Territirium* [Schwabegg] *verfihren zu derfen* Es wird darauf hingewiesen, dass das Holz nicht aus der Herrschaft Schwabegg und Mindelheim stammt, denn *das in hisigen District weder etwas aufgekauft noch ausser landts verfihrt werde und des benachbarte Pfleggericht Mündlheimb hat bereits sub dato 14ten Juny ao 1764 die gdist anbefelchung erhol gleicvh obsicht zu tragen.*

Am 11. Juli 1765 wird der Maria Anna Schuster, verwitwete Müllerin zu Radau *nächst* Augsburg erlaubt, dass sie von Ihrem Holz bei Lindenberg[92] *14 Klafter Buchenholz und 100 Flößholzer und 110 Schneidbäume auf der Wertach zu ihrer Behausung flossen darf für 6 x concesionsgeld ab iedem Stam abflössung.* Sie musste insgesamt also ca. 25 fl Zoll bezahlen.

1765 bittet die St. Jakobspfründe in Augsburg, ihr Holz von Berg bei Türkheim, welches durch einen Windwurf anfiel, auf der Wertach durch Schwabegger Gebiet flößen zu dürfen. Am 28. Januar 1766 erhält die Pfründe die Erlaubnis. Allerdings muss sie den *moderierten Zoll* von 6 x hierfür bezahlen.

Am 9. August 1766 fragt der Stockheimer Flößer Johann Starck beim *baierischen Kurfürsten* nach, ob er durch kurfüstliches Gebiet Mindelheim und Türkheim flößen darf. Am 22. August 1766 erhält er dafür die Genehmigung.

---

[92] Lindenberg bei Buchloe

1766 erkundig sich *Johannes Starck Pauer zu Stockheim* bei der kurfürstlichen Regierung nach den Bedingungen, *aus denen Reichsstadt Kaufbeyerl. vom Kapitel augspurgischen und anderen auswertigen Herrschafts und den Unterthanen Waldungen 2000 Stück SchneidBaume erkauffet und durch verhand lung der geschnittenen Holzwahr mich und die meinige ehrliche fortbringen zu khönnen. Wann ich um vorhabens bin solch geschnittene Wahren an auswertige ort wo pure Bauhölzer und einige prötter und latten nicht zuhaben sind, zuverhandlen und durch des churbairische, als Müdelheim, und Tirkheim zuverfihren, Ein solches mir aber ohne beyhanden habenten Paß zu Tirkheim bey dasig Chrufrstl. aufgestelten Zohl und Mauthamt nicht gestattet werden kann, noch darf.* Er bittet, dass ihm für die Durchflößung durch kurbairisches Gebiet ein Pass ausgestellt wird.

gnädigster herr herr
das unterthänigste anlangen welches bey eur Churfstl. drtl. p von Johann Strack Baur zu Stockheimb gericht Mündelheim ueberraicht worden ist, folgt in originali wieder zurückworinnen
… gebetten von 2000 Stück Schneid-Bäumen die er in Reichsstatt Kaufbeyerl. DombCapitel augsburgischen und anderen auswerthigen Waldungen erkauft zu haben vorgebet der Schneid paar gegen Entrichtung der gebühr durch hiesige Herrschaft auf der Wertach ausser lauths amtsverführungen und verkauffen zu dessen.
in bedenkung um des eur churfrst drt holz gatter Lechhausen keine schaden denket weillen des Stockheimer Hans schaft wie er sicher wissent ist in die Gegend Kirchheimb UrsPerg und Wettenhausen sich erstrecke und im gegentheil sich dero orarine eine entrichtung der tariffmäßigen transito accisgebühr…..
zu all beharrliche höchster huld….
Tirkheim den 22. aug. 1766

Löbl Closter Steingadisches Hofmarchs Widergeltingen Damit man hiesigen amtsseiths wegen von Johann Starck Bauer von Stocka

[Stockheim] *aus denen Waldungen bey Weicht und Beckstetten erkauften 150 Stuck Schneid Baumen von solches ausser Landts verführen zu derffen zu höcster Stelle ferner underthänig sten Bericht erstatten können, ist zuwissen vonnötten ob diese Waldungen dem hochfürstl. Hochstift Augsburg mit der hochen Jurisdiktion wirkhlich zugethan seyen oder nicht. Vorüber man wenige und mitbeyscheinige Rukantwort sich erbethen haben will. Actum den 22. September 1766*

Am 15. Juli 1773 kommt von der Hofkammer in München die Anweisung, *an Holz, getraydt so andere Handlungen zu wasser und zu landt nit zu stöhren sondern viellmehr alle vor 1721 zwischen unsere Drtl.* [durchlauchtigsten] *Churhaus und gedachter Statt AugsPurg errichtete Verträge einzuhalten. Insbesonders darf wieder Holz an die milden Stiftungen nach Augsburg geflößt werden. Man muss jedoch die Holzquantität und – qualität vorher anmelden.*

1780 bittet Johann Starck, Flößer aus Stockheim, den Kurfürsten, 2000 Schneidbäume durch Mindelheimer und Türkheimer kurfürstliches Gebiet flößen zu dürfen. Er erhält die Erlaubnis, anscheinend ohne Auflagen.

1804 macht Johann Michael Klughammer, Schreiner in Türkheim, für 1 fl 30 xr eine *Rottmeister Dafel und vor die Eiserne Stand: der Schin zum anhängen, saamt 8 Steften.*[93] Es scheint so, als handelt es sich um eine Tafel mit Informationen für die Flößer. Diese Tafel hängt man dann wohl an einer Brücke über die Wertach.

1883 sind in den Gemeinderechnung von Türkheim Ausgaben verzeichnet *für Schreinerarbeiten zur Floßfahrt und für eine Tafel zur Wertach.*[94]

---

[93] Türkheimer Gemeinderechnungen 1804, Gemeindearchiv Türkheim
[94] Gemeinderechnungen Türkheim 1883, wohl Gemeindearchiv Türkheim

Hindernisse für die Flößerei

Die zahlreichen Sandbänke in der Wertach konnten dazu führen, dass ein Floß auf einer Sand- und Kiesbank aufsaß und es dann schwierig war, es wieder flott zu bekommen.

In die Wehre (Wuhren) waren Flossgassen eingebaut. Diese erwiesen sich teilweise als nachteilig für das Flössen und für die Fische: Schreiben vom 6. März 1674 des Abtes des Stifts Kempten an die Reichsstadt Augsburg: *... holtz auf der wertach haben auf dießer nach Augspurg geflößt worden, zu dem Ende habe es in dem wuehr ob der Mühlen zu Thalhoffen alle Zeit ein offene Fahrt gehabt durch welche auch die Fisch herauf khommen, es habe aber vor ungefahr 20 Jahren ein Baur N. Lieb genannt Metzenmacher, weilen das Wasser lang zuvor die alte wüehrer weggenommen, ein neü wuhr gemacht, unnd solches so weit erhöcht des ietzo die fisch nit weiters über sih steigen könden, so des fürstl. Stüfts fischwassern, sehr nachthailig, nit wenig er habe Er auch keine fahrt, wie vor alten in dißem wuhr offen gelasse, dardurch auch das Flössen, nach AugsPurg sehr preindicierlich welches wuehr des wasser auf die Mühlen zu Thalhofen laite so von obigem Metzenmacher ietziger Müller zu Thalhofen erkauft, weilen dann diese oerdnung dem fürstl. Stüft [Kempten] und dessen fisch wassern unnd gehöltz sehr nachthailig...*
1762 *Und weillen dann nöttig ist, mit dem Müller zu Wiedergeltingen Matheusen Morhardt und dem dissohrtigen [Türkheim], dann dem Müller zu Ettringen zu Conferieren, wie deren Wuehren bey hoch= und Mitleren Wassern, wo alleinig gefloset werden kann solcher gestalten gespört werden mög, des solches bey etwann zuweegs bringent churfl. Kalches nach iedmallig: vorkommenten Umbständten widerumben zurösten seyn*

1799 hat man aus der Wertach bei Türkheim einen Kanal abgeleitet: *Als man in der Wertach [bei Türkheim] einen neuen*

Graben gemacht und eben zu gelegener Zeit einige Floßleut nach Augsburg gefahren sind, hat man sie ersucht, mit ihren Flößen den neuen Graben zu passieren, damit das Wasser einen mehreren Zug bekommt. So sie das auch getan, hat man für Brandtwein für sie bezahlt 28 xr[95]

Auf eine andere Gefahrt weisen 1846 mehrere Flößer hin:
Die Floßfahrt auf der Wertach 13. July 1846
Aufnahme über das Verbringen der Floßmeister Georg Peter von Pforzen k.L.Ger. [königliches Landgericht] *Kaufbeuren, Johann Schöner von Stockheim k.L.Gr Türkheim und Jos. Ant: Maier von Schlingen k.L.Ger Kaufbeuren*
Betreffend der Floßmeistern um Bestätigung der Floßfahrten auf der Wertach entgegenstehenden Hindernissen ////
Geschehen zu Augsburg am 13ten Juli 1846
Obgenannte bringen an Herrn und im Namen der übrigen Floßmeistern welche die Wertach befahren nachstehendes vor:
In Bobingen, Schwabmünchen, Türkheim, Hiltenfingen, Großaitingen und Wehringen in welchen theils neue Brücken gebaut theils die alten Brücken Reparaturen unterworfen worden sind, wurden die alten Pfähle nicht ganz abgeschnitten, was doch nit wenige Kösten und Zeitaufwand hätte geschehen können, sondern stehen noch aus dem Wasser heraus, so daß die Floßfahrt großen Gefahren ausgesetzt ist u. Flöße scheitern müssen, wenn sie an einen solchen Pfahl anstoßen, was bei aller Gewandtheit nicht immer vermieden werden kann. - Wenn auch stellenweise keine solchen Pfähle vorhanden sind, so können die Flöße durch immer solche stellen einhalten weil der Wertach ihr Rinnsal ist im Jahre verändert, und diese Stellen denn entweder wasserarm oder ganz wasserbaar sind. Es wird daher die gehorsamste Bitte gestellt, die der Floßfahrt gefährlichen alten Pfähle durch die Beteiligten ganz entfernen lassen und deshalb in möglichster Bälde ein k.Reg. [königliche

---

[95] Hans Ruf: Türkheimer Heimatblätter Nr. 9, Sept. 1972

Regierung] *Entschließung erlassen zu wollen. Nachträglich wird bemerkt, daß in Türkheim u. Schwabmünchen die Floßfahrt durch die ganze ungeschickten Bauten der an die Wertach angrenzenden Grundsbesitzer schon seit 6 Wochen ziemlich gehemmt und gespannt ist u die Wertach nur mit größten Schaden für die Floßer befahren werden kann.*

Weder das k. L.Ger. [königliches Landgericht] *Schwabmünchen noch das k. L.Ger. Türkheim hat Einsicht von dieser Seite genommen u. uns Abhilfe verschafft, weshalb wir die dringenste Bitte stellen diese beiden Landgerichte zu beauftragen, auf der Stelle u. unweigerlich alle Hemmnisse, welche der Floßfahrt in ihren Bezirken gemacht wurden, zu beseitigen.*

Johann Schöner

Joseph Anton Mayr

Georg Peter

ZumEinlauf der k. [königlichen] *Regierung Kammer des Innern*

Durchfahrt in den Lech

Bei Augsburg mündet die Wertach in den Lech. Zeitweise wollte die Stadt Augsburg die Wertachflößer daran hindern, direkt ihre Flöße von der Wertach in den Lech weiterfahren zu lassen. Die Flößer sollten wenigstens ihre Produkte in Augsburg anbieten, bevor diese weitertransportiert werden. Die Wertachflösser hingegen sprachen Augsburg diese Beschränkung ab und erinnerten daran, dass auch die Flößer auf dem Lech ungehindert über Augsburg hinaus flößen dürfen.

Kaufbeuren den 5. Januar 1850: Die Wertachflößer Johann Scholzner aus Stockheim, Sebastian Albrecht und Xaver Grönner von Pforzen schreiben an den Augsburger Magistrat, dass sie sich gegenübr den Lechflößern benachteiligt fühlen, da

- *auf dem Lechfluss bei Augsburg eine Durchfahrt erlaubt ist,* nicht aber auf der Wertach,
- daß kein *Lechflösser genöthigt ist, bei der stadt zu landen, sondern daran vorbei und nach allen Richtungen hin fahren und Geschäfte machen kann, während die Flosser auf dem Wertachflusse (…) eine Durchfahrt nicht* erlaubt ist
- *und zu der Mühe und dem Zeitverluste der Landung* der Wertachflößer in Augsburg diese *auch zur Bezahlung des bedeutenden Holzaufschlags gezwungen sind.*

So lange die Bezahlung des Holzaufschlags von den meist Augsburger Holzkäufern erhoben wurde *und die Wertachflosser in dieser Beziehung etwas vor den Lechflossern voraus hatten, konnten sie sich die Beschwerde des Landungszwanges noch gefallen lassen, aber seitdem sie auch bezüglich des Holzaufschlages ihren Gewerbsgenossen auf dem Lech gleichgestellt sind, müssen sie darauf denken, den ungeheuren Uebelstand zu beseitigen, welcher die Ergiebigkeit ihres Geschäfts im Verhältniss zu dem der*

Lechflößer so bedeutend herabdrückt. Zudem würde die Herstellung einer solchen Durchfahrt von der Wertach zum Lech mit weit geringeren Kosten verbunden sein, als die Durchfahrt auf dem Lech, da die Flösse auf der Wertach kleiner sind als die auf dem Lech. Weiter kann der Augsburger Magistrat eine Durchfahrt gar nicht verbieten, da die Wertach ein *flumen publicum, ein Staatsgut und kein Stadtgut* ist.

Als die Flößer vom Augsburger Magistrat keine Anwort bekommen wenden sie sich über den Advokaten Dr. Barth aus Kaufbeuren am 30. Januar 1851 an die Regierung von Schwaben und Neuburg und fordern die Druchfahrt von der Wertach in den Lech. Am 22. Februar 1851 erhalten die Flößer vom Augsburger Magistrat einen ablehnenden Bescheid. Argumente sind die Besitzstandswahrung der Stadt und negative Folgen für die städtischen Kanäle. Gegen diese Argumente erheben die Flößer Kurz, Albrecht, Groner und Schöner am 26. Juli 1851 Einspruch bei der schwäbischen Regierung. Sie meinen u.a.: *Der behaupteten Besitzstand wird widersprochen, ist nicht bewiesen, konnte aber auch hier nicht in Betracht kommen, wo es sich nicht um einen Gegenstand des Privatrechts sonders ein die Floßfahrt auf einem flumen publiczm also ein öffentlichen Zustand handelt, worauf nur die Normen der höhern LandesPolicey maßgebend sein können. Zur Freigebung der fraglichen Durchfahrt und herstellung der dazu nöthigen übrigen mit keinen bedeutenden Kosten verbundenen Vorrichtungen ist die Stadt Augsburg aus denselben Frunde verpflichtet aus welchem sie die Durchfahrt auf die Lechflosse herstellen und frei lassen muss, sie müsste im Gegentheil einen rechtlichem grund dafür besitzen, die Durchfahrt sperren und so die Floßfahr sperren, und so die Floßfahrt eineinem öffenltichen nicht der Stadt, sondern dem staate gehörigen Flusse hindern und stören zu dürfen.*

Sie hatte nie ein Recht, die durchfahrt zu sperren, daraus folgt von selbst, daß sie dieselben wieder öffnen muß, bisher haben die Wertachflosser den widerrechtlichen zustand nur geduldet, weil sie billig sein wollten und durch die Erhebung des Holzaufschlags von den Holzkäufern sich einiger Maßen entschädigt glaubten, aber nachdem die Stadt Augsburg die Billigkeit bei Seite gesetzt und aller bisherigen Observanz zuwider plötzlich den fraglichen Aufschlag von der flossern erhebt, sehen wir auch keinen Grund, worum wirvon unserem klaren recht keinen Gebrauch machen sollten, besonders, da wir außerdem gegen die Lechflosser in ein höchst ungerechtes und uns äußerst drückender verhätnisse gerathen.

Nachtheile für die Wertach Kanäle können aus der beantragten Durchfahrt keine entstehen, denn bei niederm Wasserstande fährt kein Flosser und bei hohem ist natürlich eine gefahr für die Kanäle ohnehin nicht denkbar. [...] Was endlich das für Rechte sein sollen welche der Stadt zustehen und ihr die Sperrung eines öffentlichen Flusses gestatten sollen ist wider gesagt noch läßt es sich errathen. Dieses Recht könnte nur in einem von allerhöchster stelle erlangten Privilegium bestehen, das aber mit der Gestattung der Erhebung eines Holzaufschlages noch nicht zusammen fällt, so wenige als eine Stadt, welche den Pflasterzoll zu erheben beabsichtigt ist, einen Schlagbaum mitten auf der vorbeiführenden Landstrasse errichten darf...

Die Stadt Augsburg darf den holzaufschlag nur von jenen Flossern erheben, die an der Stat landen und nicht auch von jenen, die nur daran vorbeifahren, also auch keine Vorrichtung treffen, welche zum Landen zwingt und das vorbeifahren ganz unmöglich macht.

Das ist ein Muißbrauch ihres Rechtes der sich in keiner Weise rechtfertigen läßt.

Warum werden denn die Müller auch auf dem Wertachflusse, so streng angehalten wie erst neuerlich wieder Beispiele vorgekommen sind, welche einer kgl. Reg. [königlichen Regierung] *selbst bekannt seyn müsste, die Durchfahrt herzustellen und zu unterhalten, als weil überhaut Niemand berechtigt ist, die Schiff=*

und Floßfahrt auf einem öffentlichen Flusse zu unterbrechen und zu stören.

Kaufbeuren 26ten July 1851
Kurz, Albrecht, Groner, Schöner
den Magistrat der Stadt Augsburg den Antrag gerichtet, auch den Wertachfloßern, wie den Lechflosssern, fortan die Durchfahrt frei zu lasssen und die hiezu nöthigen Vorrichtungen in Bälde zu treffen und diesen Antrag durch die in der abschrifltich anliegenden Eingaben entwickelten Gründe unterstützt.
Durch Beschluß vom 22ten Febr. [1851] laufenden Jahres wurde aber dieser unser Antrag vom genannten Magistrat zurückgewiesen und sich zur Rechtfertigung dessen auf einen angeblichen unordentlichen Besitzstand zu Gunsten der Commune Augsburg, auf einen angeblichen Mangel aller Verpflichtung derselben zu der fraglichen Leistung, auch die angeblichen Nachtheile, welche aus der Herstellung einer solchen Durchfahrt für die aus der Wertach abgeleiteten Kanäle erwachsen sollen, und auf die angeblich der Stadt in dieser Beziehung zustehenden Rechte berufen. Hindurch scheint uns die Abweisung nicht motiviert und wir erlauben uns daher die für uns so wichtige Sache auch der Prüfung die Entscheidung einer hohen Kreisregierung zu unterstellen.[…] Der behauptete Besitzstand wird widersprochen, ist nicht bewiesen, konnte aber auch hier nicht in Betracht kommen, wo es sich nicht um einen Gegenstand des Privatrechts sonders ein die Floßfahrt auf einem flumen publicum also ein öffentlichen Zustand handelt, worauf nur die Normen der höhern LandesPolizey maßgebend sein können.
Zur Freigebung der fraglichen Durchfahrt und Herstellung der dazu nöthigen übrigens mit keinen bedeutenden Kosten verbundenen Vorrichtungen ist die Stadt Augsburg aus demselben Grunde verpflichtet aus welchem sie die Durchfahrt für die Lechflosse herstellen und frei lassen muss, sie müsste im Gegentheil einen rechtlichem Grund dafür besitzen, die Durchfahrt sperren und so die

Floßfahrt sperren, und so die Floßfahrt auf einem öffentlichen nicht der Stadt, sondern dem Staate gehörigen Flusse hindern und stören zu dürfen.

Sie hatte nie ein Recht, die Durchfahrt zu sperren, daraus folgt von selbst, daß sie dieselben wieder öffnen muß, bisher haben die Wertachflosser den widerechtlichen Zustand nur geduldet, weil sie billig sein wollten und durch die Erhebung des Holzaufschlags von den Holzkäufern sich einiger Maßen entschädigt glaubten, aber nachdem die Stadt Augsburg die Billigkeit bei Seite gesetzt und aller bisheriger Observanz zuwider plötzlich den fraglichen Aufschlag von den Flossern erhebt, sehen wir auch keinen Grund, warum wir von unserem klaren Rechte keinen Gebrauch machen sollten, besonders da wir außerdem gegen die Lechflosser in ein höchst ungerechtes und uns äußerst drückendes Mißverhältnisse gerathen.

Nachteile für die Wertach Kanäle können aus der beantragten Durchfahrt keine entstehen, denn bei niederm Wasserstande fährt kein Flosser und bei hohem ist natürlich eine Gefahr für die Kanäle ohnehin nicht denkbar. [...] Was endlich das für Rechte sein sollen welche der Stadt zustehen und ihr die Sperrung eines öffentlichen Flusses gestatten sollen ist weder gesagt noch läßt es sich errathen.

Dieses Recht könnte nur in einem von allerhöchster Stelle erlangten Privilegium bestehen, das aber mit der Gestattung der Erhebung eines Holzaufschlages doch nicht zusammen fällt, so wenig als eine Stadt, welche den Pflasterzoll zu erheben beabsichtigt ist, einen Schlagbaum mitten auf der voreiführenden Landstrasse errichten darf. [...]

Die Stadt Augsburg darf den Holzaufschlag nur von jenen Flossern erheben, die an der Stadt landen und nicht auch von jenen, die nur daran voreifahren, also auch keine Vorrichtung treffen, welche zum Landen zwingt und das Vorbeifahren ganz unmöglich macht.

Das ist ein Mißbrauch ihres Rechtes der sich in keiner Weise rechtfertigen läßt.[...]

Warum werden denn die Müller auch auf dem Wertachflusse, so streng angehalten wie erst neulich wieder Beispiele vorgekommen sind, welche einer kgl. Reg. selbst bekannt seyn müssten, die Durchfahrt herzustellen und zu unterhalten, als weil überhaupt Niemand berechtigt ist die Schiff= und Floßfahrt auf einem öffentlichen Flusse zu unterbrechen und zu stören.

Die Regierung stellt noch 1751 fest, dass noch nie eine freie Durchfahr von der Wertach in den Lech bestand. *Wohl aber läßt sich geschichtlich und archivalisch nachweisen, wie die Sinkelmüller u die Stadt in früher Zeiten mit großen Kosten „Leuten" anlegen und unterhielten um das Wasser der Singold das Wasser aus der Wertach zu gewinnen , wie sie hinüber ein Streit mit den Bischofen von Augsburg hatten und wie ein unerdenklicher Besitzstand sich hiebei bildete.*
Es müssen sich dessen Huld die alten Rechte der Stadt Augsburg und der Wasserwerkbesitzer am Sinkelkanal ausdrücklich beachtet und muß jedem Unternehmen entgegengetreten werden, durch welches diese Rechte beeinträhtigt werden könnten Wie aus einer mit der Bitte und Remission anliegenden archivalischen Darstellung vom 22. Febru.d.Js. hervorgeht besteht das Wertachwehr seit mehr als unfürdenklichen Zeit; es wurde gebaut 1258 theilweise zum Vortheile der Flossen um nemlich das Wassser der Singold, welches in die Wertach durchgebrochen hatte, wieder zu gewinnen und zugleich den Flößern eine der Stadtnähere Lende zu verschaffen. Die Wehre und die Ableitung des Wassers in den „Holzbach" hat sich bis auf die heutige Stunde trotz aller Angriffe behauptet und muß als ein Recht auf den Grund des unvordenklichen Besitzstandes u der großenKosten, welche auf Erbauung und Unterhaltung desselben verwendet worden sind, u. noch erlaufen, angesprochen werden.
Koeniglicher Regierung ist nicht unbekannt, welcherStreit wegen Wasserrechten Seitens der Stadtkommune u. der Wasserwerkbesitzer am Singoldbache mit dem Müller Weißhaupt von Pfersee besteht, welch letzterer die uranfängliche Bewilligung, ein Wehr in die Wertach zum Behufe der Verstärkung des Baumquellwassers für sein Mühle einzulegen, soweiter tendirte, daß er sich nunmehr einen

förmlichen Kanal aus der Wertach ableitet, welcher in beharrlicher Weise ein für sein nunmehr zu sechs Hängen eingerichteten Mühlereck hinreichendes Wasserquantum zuführt, während bei niederem Wasserstand in dem Wertachstrom selbst nicht mehr so viel Wasser zurück bleibt, um den Sinkelbach oder Holzbach vollkommen zu speisen und die Werke an demselben in vollen Betriebe zu erhalten. Müßte nun noch eine offene Floßfahrt auf der Wertach in den Lech hinaus erhalten werden, so ist wohl klar, daß die Speisung des Sinkelbaches noch weiteren Chancen ausgesetzt würde, u. die daran befindlichen Wasserwerke welche zu den bedeutendsten gehören, in ihrem Betriebe die größten Störungen erleiden würden und sich nach Umständen geradiger in den fall gesetzt sehen, stille stehen zu müssen.

Der Wertachfluß dürfte sich überhaupt zu einer regelmäßigen Floßfahrt, mit Flößen welche in einen größeren Strom und nach einem weiteren Ziele bestimmt sind, nicht eignen; es ist den Wertachflossern bisher noch nicht in den Sinn gekommen in dieser Beziehung ein Verlangen zu äußern, anders dürfte ihnen auch jetzt mit demselben nicht Ernst seyn. Sie verhehlen auch in ihrer Vorstellung an Eure Koenigliche Regierung die ?tiere ihres Verlangens gar nicht, welche nichts weniger als in der Sache selbst ihren Grund finden, sondern in einer vermeintlichen Belästigung gelegen seyn dürften welche sie durch die im Jahre 1845 getreffene Anordnung bezüglich des Aufschlags von Nutzholz erfahren haben wollen.

Früher war es nemlich üblich, daß auf dem Lagerplatze am Senkelbache der städtische von dem Nutzholze zu entrichtende Aufschlag vom Käufer erhoben wurde, während auf den Lageplätzen der Lechkanäle dieser Aufschlag von den Flossern oder der Importanten überhaupt erhoben wurde. Im Jahre 1848 beschloß nun der gehorsamst unterzeichnete Stadtmagistrat, hierin ein gleich förmiges Verfahren einzuführen u. auch am Lagerplatzer am Senkelbacheden Aufschlag von den Floßern zu erheben, welcher Beschluß auf erhobene Beschwerde sowohl von Koeniglicher

Regierung als vom Köiglichen StaatsMinisterium des Handels u. der öffentlichen Arbeiten bestätigt wurde. Hierin sehen nun die Wertachflosser ein arges Unrecht, das ihnen geworden sein, u. wollen sich auf eine andere Weise entschädigen, viel der Stadt Augsburg eine Angelegenheit betreiben. Daß aber in der Mehrheit es ziemlich gleich ist, ob der Käufer oder der Verkäufer den Aufschlag bezahlt, dürfte ziemlich klar sind, da im letztem Falle der Verkäufer eben den preis der Waare und den Aufschlag der überhaupt nicht bedeutend ist, höher stellt. Unter Verwahrung aller gesechenden Rechte wird deshalb die ehrfurchtsvollte Bitte an Eure Hohe Stelle gerichtet:

Es wäre das Verlangen der Wertachfolsser Kurz u Cons. unter Bezugnahme u. Bestätigung des Magistrate.Beschlusses v. 22.Febr d. Js. abgewiesen werden unterthänig gehorsamster StadtMagistrat

Zeit zum Flößen

1737 sollen 1000 bis 2000 Klafter Fichtenholz aus dem Allgäu nach Augsburg geschwemmt werden. Im Herbst 1737 hat die Wertach jedoch einen so niedrigen Wasserstand, dass die Schwemmung erst im nächsten Jahr erfolgen kann.[96]

1761 heißt es, dass *man auf der Werttach keinswegs beim ordinari: sondern alleinnig beim Hochwasser Flossen kan.*

1761 wird erwähnt: *das die FlosLeuth in einem Jahr nur 6 Wochen als 8 täg vor und 8 täg nach Georgi 8 täg vor und 8 täg nach Peter und Pauli und 8 Täg vor und 8 tag nach Michaeli tag derley Holzwerkh zum Verkauf bringen derfen. Sollte aber unter dieser BewilligungsZeit das Wasser zu klein und zum Floßen nit günstig sein, So müessen [...] gehörigen ohrts zu AugsPurg wan man die wegen Mangel des Wassers unnuzbahr Verflossene: zu einem anderen dess wassers halb thuenliches zeit, zu nuzen machen und sohin ein dergleichen Holzwerck zum Verkauf bringen will, sonderbahre Bewiligung erwirkhen welche aber dess sagers wissen nach, noch niemahls abgeschlagen worden ist. mit Scheitter=Holz entgegen darf mann [...] das ganze Jahr handeln, und Wandel, wie man will, ohne das einigen chrts eine Hinternuss vorhanden ist, als wlecher Handl noch der beste were, wan ein Floß wie auf einem anderen Wasser, als Lech Fluss beschwert werden kunte.*

1762 erwähnt die kurfürstliche Hofkammer in München in einem Schreiben an Hofweller, den Verwalter der Herrschaft Schwabegg in Türkheim, dass *nur bey hoch= und Mitleren Wassern* [auf der Wertach] *gefloset werden kann ....*

---

[96] Josef Deißer, Trift und Flößerei auf Lech und Wertach, in: Alt-Füssen 3 (1927), Nr. 20/21

1762 heißt es auch, dass *die flösse nur bey sich ergebenten hochen: und nit bey ordinari: noch münder bey geringen Wässern pasieren kenne.*

1764: *wo nach anbey in gädigister erwehnung zu ziehen ist, das nicht iederzeit sondern das Jahr hindurch 3 mahlen und nur 14 täg lang zuflossen verwilliget wurdet unnd kann auch auf diese Zeit kein sicherer antrag gemacht werden weilen auf diesen geringen Werttach flöss. ohne ankommung der WildtWasser mit solchen Holz nit forthzukhommen sein.*

Quantität

Jahr	Anzahl der Flöße auf der Wertach[97]
1605	155
1606	137
1607	146
1608	90
1609	122
1610	101
1611	150
1612	209
1613	319
1614	184
1615	190
1616	149
1617	267
1618	254
1683	ein Stockheimer Flößer bringt *9 Stämmen und 70 gemessenen ?Brettern* auf der Wertach nach Türkheim.[98]
1762	2200 Stämme
1763	> 3293 Stämme
1764	2811 Stämme
1764	300 Stück Bauhölzer
1764	600 Stämme
1764	*11500 St B.Päumblen und Pauhölzlen*
1764	*500 St: Gottfried Prestele von Pforzen auch 800 St: dann Joseph Yebele der orthen 300 St: unnd endtlichen Georg Aufmueth von dahier 200 St*

---

[97] Josef Deißler: Trift und Flößerei auf Lech und Wertach, in: Alt Füssen, Nr 7,8, 4. Jg., 1928 und Archivalien im StA Augsburg
[98] Luitpold Schuhwerk: Als die Bergmüller nach Türkheim kamen, in „Materialien zur Bergmüllerforschung", Türkheim H. 1, S. 8

	thaills ainige Schneidt Paumblen mehreren theills
	aber geringe Pauholzlen
1764	*1500 Stuckh theils Schneide-Paumblen mehrern.-*
	theils aber geringe Pauhölzlen
1765	*2300 Stuckh theils Schneid Bäum und mehrern*
	Theils aber PauHölzern erkauffet
1765	*4.000 + 2000 Stämme*

1737 erlassen die Wittelsbacher eine *Früchte- und Holzsperre* gegen Augsburg und unterbinden die Flößerei auf dem Lech. Die Reichsstadt muss sich nun umschauen, wie sie ihren Holzbedarf decken kann und findet die Lösung im Allgäu.[99] Am 29. August 1737 verpflichtet sich der Nesselwanger Amtman den Augsburgern gegenüber, 1000 bis 2000 Klafter Fichtenholz aus Tirol nach Augsburg zu liefern. Für den Klafter müssen die Augsburger 5 fl zahlen. Das Holz soll in der Wertach geschwemmt werden. Da im nächsten Jahr die Sperrung des Lechs aufgehoben wird, fällt der Klafterpreis auf 4 fl 30 xr. Dabei ist das Problem nicht, ob der Nesselwanger Amann genügend Holz liefern kann, sondern ob von dem Holz genügend in Augsburg ankommt[100]..

1740 erwirbt der Augsburger Bierbräuer Hieronymus Maier „aus Irsee" 1500 Klafter Fichtenholz, das Klafter für 3 fl.

gnädigster Herr Herr
Was die Reichsstadt augspurg umb durchpassieren lassung 9: bis 15:

---

[99] Josef Deißler: Trift und Flößerei auf Lech und Wertach, in: Alt Füssen Nr. 21,21, 3. Jg. 1927 ff
[100] Josef Deißler: Trift und Flößerei auf Lech und Wertach, in: Alt Füssen Nr. 21,21, 3. Jg. S. 1927

hundert Clafter Fichtenholz so ainige brigl [Prügel] *daselbst von benachbarter Reichsgottshaus Irseeisch under thanen erhandletund künftige Früeling uf der Wertach nach besagtem augspurg zu schwemben gefünet zu churfrstl. höchsten Huild und gnaden...türkheim den 25. Jenner anno 1740*

1741 werden 100 Klafter Fichten- und 200 Klafter Buchenholz aus den Mindelheimer Wäldern nach Augsburg geflößt.[101]

1742 sollen 1200 Clafter Holz aus der Apfeltranger Gegend auf der Wertach nach Augsburg geschwemmt werden.

Am 9. August 1760 kauft ein Stockheimer Flößer 2000 Bäume um sie auf der Wertach *ausser Landes* zu flößen.

9.xber 1760 von Max Joseph an unsern Hofcammerrhat und Pflegscommisario zu Türckheimb ...Joseph antoni von Hofweller ...da auf dem Wertach Flus villes Holz und anderes nacher augsPurg abgeflößt zu werden pflege; [...].

Franz Zech gibt 1760 an: *Erstlichen dess Jahres nur in die 200 flöss zu 40 Schuch lang, und 6 bis 7 Paum braitt nacher AugsPurg abgehen mechten*

Johann Starck von Stockheim schreibt am 9. August 1760, *dass er 2000 Schneidbäume erkaufet aus dem Wald bei Weicht und Beckstetten* und will sie nun auf der Wertach flößen. Am 22. August 1766 erhält er dafür die Genehmigung.

---

[101] Josef Deißer, Trift und Flößerei auf Lech und Wertach, in: Alt-Füssen 3 (1927), Nr. 20/21

1761:... *die Ladungen der Flösser*

so würd mit 1 ¼, 1 ½ und 3/4tel auch 2 zohlige bröther, 3 und 4 zöhlige Läden von Puche und Tannen Scheither-Holz, Latten und Rembling verführt in sofern nun weiters 35 Flöß zu ¾ zöhligen 25 Flöß zu 1 ¼ zöhligen 25 Flöß zu 1 ½ zohlig 15 Flöß zu 2 zöhlig Prötter 20 Flöß zu 3 und eben auch 20 Flöß zu 4 zöhlig Läden 15 Flöß mit Lathen 5 Flöß mit Remblingen und evtl. 40 Flöß mit Scheiter Holz vorige 200 Flöß aber auf ? gegen fahren 80 Prötter von denen ¾ tel zölligen: 70 Prötter von denen 1 ¼ zöhligen: 60 Prötter von denen 1 ½ zöhligen: 50 Prötter von denen 2 zöhligen 30 Läden von denen 3 zöhligen 24 Läden von denen 4 zöhligen 240 Lathen und 16 Remblingen geladen werden; es ist aber entgegen künftens zu wissen,das nit all dies Holzwerk zu AugsPurg zum Verkauf gebracht wird, ...

So äußerst sich dessen Jahrs wegen fuhr

2800	³/₄tel
1750	1 ¼ tel
1500	1 ½
750	2

zohlige Prötter

600	3
480	4

zohlige Läden
3600 Latten
80 Remblinge und wan ein zu Scheiter nachenter Paumbflos zu 2 ½ AugsPurger Clafter
dann Landung hirauß extra ³/₃₄ᵥClafter: Volgsamb zu ainem Floß 3 ¼ tel Clafter gerechnet ...
130 Claftern Puechen und Thannen Scheiten abgefloßt werden.

24. März 1763: *Johann Aufmuth und Abraham Lang et Cons: alle Herrschaft Irsee Untertanen 2800 Eichen auf Wertach flößen nach Augsburg.*

den 25ten aug [August]1763
Es werden Samtliche Saägmüller von AugsPurg geflößt:
von Johann Aufmuth aus Pforzen
142 3 zohlige thänner Läden / 600 1 ½ zohlige Prötter / 35 3 zohlige
nauche Läden
Von Abraham Lang dastelbst
700 1 ½ zohlige Prötter / 180 2 zohlige Läden / 70 3 zohlige deto
Von georg aufmuth alda
120 1 ½ zohlige Prötter / 130 gemeine deto / 21 3 zohlige tch: Läden
/50 falz-brötter
von Godfried Pretele daselbst
230 1 ½ zohlige Phrötter / 45 3 zohlige Läden
von Johann degenhard zu Schlingen
134 Falz-Prötter / 32 1 ½ zöhlige deto / 330 gem: Pretter / 16 2
zohlige th läden

Die flosser betreffend den 12ten Sept 1763
Johannes Degenhart von Schlingen hat dem Segmüller von
augsPurg verkauft und auf 2 flössen abgefiehrt 34 gemeine Pretter
und der gemeinen Statt dorthselbst 4 Deichen die in 14 Paumb
bestehende 2 Flöss seint noch nit verkauft
Carolus Zendat von Schlingen 1 floss mit noch unverkaufften 7
Paumben darauf ebenfahls schon verkauften 36 gem: Prötter
Joseph Holzhey zu obigen Schlingen 1 flos mit 7 holz darauf 28 1 ½
zohlige verkaufte Pretter, des Floss ist noch unverkauft
Joseph Weis von Frankhenhofen 2 Flöss mit 13 Holz oder Päumb,
worau 60 1 ½ zohlige Pretter so noch gleich denen, flössen zu
verkaufen
Mathias Kempter von Pforzheim hat 2 Flöss mit 17 Stückh lange
holz, unnd fahret mit selbem nacher AugsPurg umb aldorthen solche
zu Verkauffen item hat gedachter Kempter 76 1 ½ zohlige Bretter
welche Er dem Krell SaagMüller zu AugsPurg verkaufft hat
Abraham Lang von Pforzheimb hat 2 Flöschen mit 60 Hölzbrettern
und 50 ¹/₁₂ zöhligen Bröttern obigem Krell zu AugsPurg verkaufft.

Hiermit stehenen Krell und Johann Michael grosmüller haben vom Matheis Kempten in Pforzheimb erkauft 190 gemaine und 10 ½ zöhlige Pretter

Von Johann aufmueth derorthen obiger Krell grosmüller und Johann Fichtl 300 1 ½ zöhlige Pretter von Georg Aufmueth 36 1 ½ zöhlige Pretter

Abraham Lang von Pforzheim 100 2 zöhlige Läden 33 3 zöhlige 66 1 ½ zöhlige Pretter

Antoni Kauffmann derorthen 36 1 ½ zöhlige retter

3t May 1764
den um gnädigste ausfolglassung eines Passes 300 Stuck PauHölzer gegen ob ieden Stuckh verrichteten 6 x uf der Werttach nach AugsPurg abfüehren zu deren, Supplicirnten Josephen Hagger [Hacker] von Stockheimbf

Herr, Herr haben auf unterthänigstes anlangen Josephen Haacker Söldner und Flosser von Stockheim bewilliget, das derselbe dito in denen Kaufbeierischen Irseeischen: und Hochfürstlichen Augsburgschen Waldungen erkaufte zwey tausend: dreyhundert Stuck Schneid Bäum, und Bauhölzer gegen errichtung des Concession geldes von jedem Stuck pr 6 xr auf der Wertach nacher augsPurg verfiehren nd verkaufen derfe. …. Signatum München den 23ten May ao 1765

1765 wie zwei Jahre vorher wieder 1200 Clafter Holz auf der Wertach von Kaufbeuren nach Augsburg getriftet.

1765: *Der Maria Anna Schuster, verwitwete Müllerin zu Radau*[102] *nächst Augsburg* wird erlaubt, dass sie von ihrem Holz bei Lindenberg bei Buchloe 14 *Klafter Buchenholz*, 100 *Flößholzer*

---

[102] Stadtteil im Süden von Augsburg

und 110 Schneidmäume auf der Wertach zu ihrer Behausung flössen darf.

30. September 1763, geflößt aus dem „Irseeischen"

Verkäufer / Flößer	aus	geflößte Stämme nach A
Johann Aufmuth	Pforzen	626
Abraham Lang	Pforzen	796
Jörg Aron. Meyr und Gottfried.	Pforzen	343
Johann Schmid	Pforzen	135
Jörg Aufmuth		85
Anton Kaufmann		24
Martin Schmid		32
Mattheus Kampter		210
Michael Ibele		77
Lorenz Amberg	Lauchdorf	12
Johann Degenhard	Schlingen	385
Joseph Weiss	Frankenhofen	76
Abraham Lang		10

20. Juni 1765: Abraham Lang flößt 2200 Stämme nach Augsburg

1. Juli 1765: Joseph Hailer von Stockheim, Joseph Weis, Müller von Frankenhofen, *et 2 Cons.* flößen 4000 Stämme Holz nach Augsburg.

11. Juli 1765: *der Maria Anna Schuster, verwitwete Müllerin zu Radau nächst Augsburg wird erlaubt, dass sie von Ihrem Holz bei Lindenberg 14 Klafter Buchenholz und 100 Fläßholzer und 110 Schneidmäume auf der Wertach zu ihrer Behausung flossen darf.*

1766 flößt ein Stockheimer *2000 Schneidbäume in Gebiete, wo solche nicht vorhanden.*

1. Juli 1765: *Joseph Hailer von Stockheim, Joseph Weis, Müller von Frankenhofen, et 2 Cons.* flößen 4000 Stämme Holz nach Augsburg

Die Flößerei [...] auf der Wertach (von Kaufbeuren her) dient zumeist dem Bedarf der Stadt Augsburg. Ueber den Umfang der hier erfolgten Ausladungen besitzen wir keine Mittheilung.[103]

In Schlingen sollen 1804 1497 Flöße an- oder abgelegt haben.[104]

1880 nur noch ca. 100 Flöße auf der Wertach bis zur Floßlände in Göggingen geflößt.

---

[103] Jahresbericht der Handels- und Gewerbekammer für Schwaben und Neuburg 1869
[104] Alex Schilcher: Geschichte des Dorfes Schlingen, 1957, S. 99

Floßhaltestelle bei Türkheim

Am 26. März 1881 stellt der Fabrikbesitzer B. Sylvester den Antrag, an einem Wertachkanal bei Türkheim eine Floßhaltestelle errichten zu dürfen. Er braucht nämlich Schleifholz für seine Holzstofffabrik in Türkheim. 1890 wird dann das Flößen hierher aufgegeben.[105]

Augsburg, am 19ten Februar 1881
Königl. Straßen= und Flußbau=Amt Augsburg
An die kgl. Regierung von Schwaben und Neuburg, Kammer des Innern
Betreff:
Errichtung einer Haltstelle für Flösse in der Wertach
Anruhend werden hoher koeniglicher Regierung ein Gesuch des Fabrikanten B. Sylvester in Türkheim um Gestattung der Anlage einer Floßhaltstelle in der Wertach gegenüber km 8ª der Corrections=Eintheilung nebst einer Erklärung der Marktgemeinde Türkheim sowie eine Planpause ehrergiebigst in Vorlage gebracht und wird hiezu berichtet: Da laut genannter Erklärung die Marktgemeinde Türkheim als Eigenthümerin der 200m unterhalb der projektierten Haltstelle gelegenen Wertachbrücke eine Erinnerung gegen das beabsichtigte Länden der Flöße des Gesuchstellers nicht erhoben und letzterer lediglich ein Absicht hab, die an gedachter Stelle nämlich an der Ausmündung des die Fortsetzung seines Ueberwasser Kanals bildenden Altwassers in den Flussschlauch angehakenen Flöße in das letztere hierin und bis an seinen Grundsbesitz zu ziehen und dort erst zu länden, so wird das fragliche Gesuch bei hoher Stelle zur Genehmigung begutachtet. Die Letztere dürfte jedoch an die folgendenBedingungen geknöpft werden:

---

[105] vgl. auch Türkheimer Heimatblätter Nr. 10, Oktober 1972

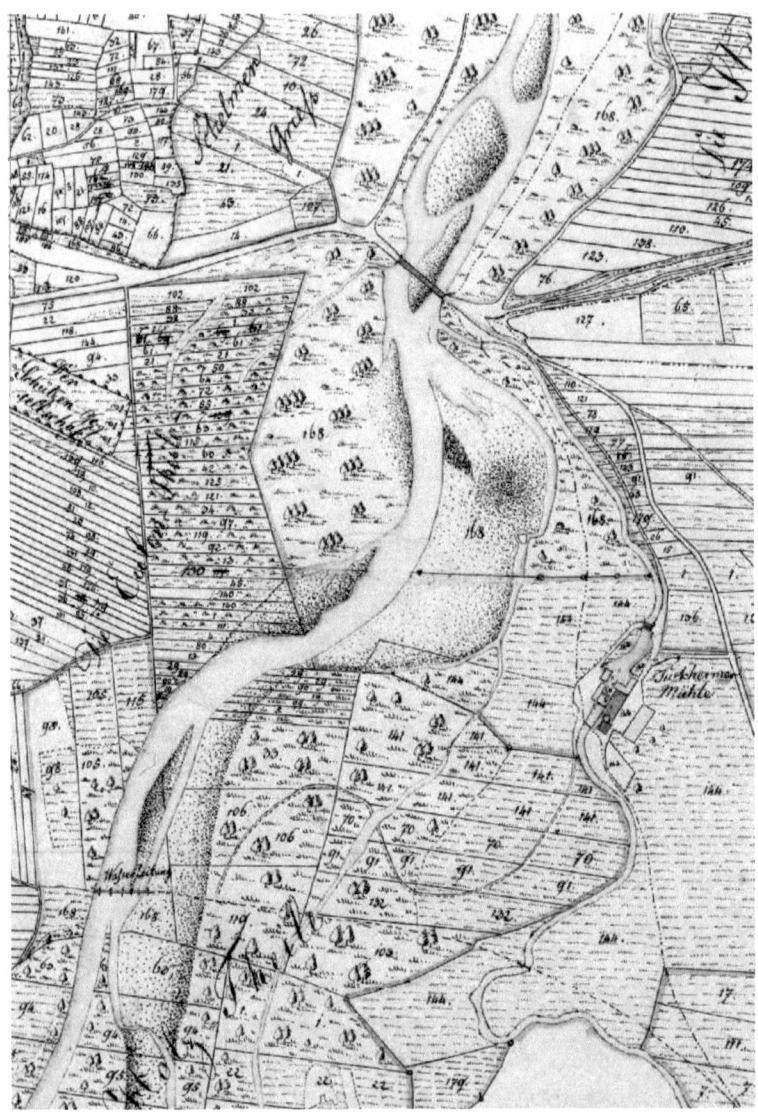

Die Wertach bei Türkheim um 1850. Ungefähr mittig-rechts ist die „Türkheimer Mühle" eingezeichnet. Hier dürfte später die „Fabrik des B. Sylvester" gewesen sein.

1 Der Parallelland oberhalb der Haltstelle /:A:/ istz auf ca 100 m aufwärts durch mindestens 0,15 m starke unter sich nich mehr wie 6 m entfernte Streifpfähle

zu sichern, desgleichen der unterhalb gelegenenBaukopf B auf ca. 24 m Länge /:wie im Plan durch rothe Punkte angedeutet :/

2 Zum Anhalten der Flöße sind mehrere Starke Holzpfähle einzuschlagen um das Anhalten mit testHacken etc. am Bau selbst zu vermeiden.

3 Die fragliche Gewäsr begründet kein Recht die jeweils ankommenden Flöße auch an der erwähnten Stelle zur Ländzung zu bringen das heist wenn durch Hochwasser vorübergehend oder auf längere Zeit das genannte Altwasser verschüttet und zum Durchziehen der Flöße blos zum Eigenthum des B. Sylvester's sie unpraktikabel geworden ist, hat das Länden überhaupt zu unterbleiben, da das Ausschleifen der Hölzer über den Uferschutzbau und durch die Schutzstreifen nicht gestattet werden kann.

Augsburg den 3ten Febr

1881

An das k Strassen und Fluß Bauamt

Augsburg

Betreff Errichtens einer Haltstelle für Flöß in der Wertach

Auf ihren Bericht vom19ten ds. Mts. wird erwidert

B. Sylvester in Türkheim wird auf Ruf und Widerruf gestatte zunächst dem Ausfluss seines Überwasser-Kanals unter folgenden Bedingungen Flössen in der Wertach anzulegen:

1 derselbe hat zum Schutze der rechten Uferbauten von der Ausnutzung jenes Überwasserkanals an bis 100 m aufwärts und bis 25 m abwärts Pfähle in einem Durchmesser 0,15m Stärke in Abständen von höchstens 8 m fort an die Uferbauten nach Anzahl des Strassen u Flussbauamts =? u. in gutem Stand zu unterhalten.

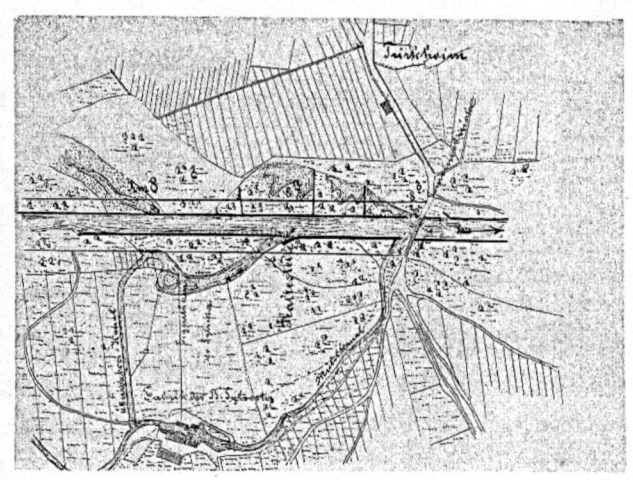

Plan-Beilage

zum Gesuch des B. Sylvester v. Türkheim, Einrichtung einer Floßhaltestelle in der Wertach bei Türkheim betr.

Situation der Wertach bei Türkheim.

Maßstab 1 : 5000.

Augsburg, am 19. Februar 1881

Kgl. Straßen- u. Flußbauamt

Unten ist die „Fabrik des B. Sylvester" eingezeichnet. Die Wertach fließt „gerade"-prallel durch den Plan.
StA Augsburg, Regierung Nr. 14064

Derselbe hat zum Anhalten der Flosse auf dem Schutstreifen längs dem Ufer die erfolderliche Anzahl Haftpfähle nach spezieller Anweisung des Bauamtes anzubringen.

3) Die Flösse dürfte nicht über das Eigentum der Kreisgemeinde (Schutzstreifen) ausgeschleift werden.

4 Dem Sylvestr wird kein Recht eingerämt irgend eine bauliche Anlage zur Verbesserung freier Floßlände zu fordern.

5 Derselbe hat für die Bewirtung des Schutzstreifensbei dem Anlanden der Flüsse jährlich 5 M, in N. fünf Mark verlangt

Ende der Flößerei auf der Wertach

Mit der Eröffung der Eisenbahnstrecke von Augsburg nach Kaufbeuren hatte sich die Wertachflößerei erübrigt.

Nach Ruf wurde die Flößerei auf der Wertach 1890 eingestellt.[106] Es fuhren aber noch weiter einige Flöße, so dass erst 1893 die Floßfahrt auf der Wertach endgültig vorbei war.[107] Wohl 1914 wurde sie dann endgültig eingestellt.

---

[106] Hans Ruf: Türkheimer Heimatblätter Nr. 10, Oktober 1972
[107] Rudolf Vogel: Landkreis Schwabmünchen, ²Augsburg 1975, S. 194; Essenwanger: Aus der Geschichte des Dorfes Iringen, ²Buchloe 1935 („in den 80er Jahren"); L. Weißflach: Die Wertachflößerei, in: Kaufbeurer Geschichtsblätter, Bd. 8, Nr. 4, 1978, S. 111-115; Carl-Josef von Sazenhofen und Archibald Bojarat: Handwerksfibel – Flößerei und Trift, 1980

Archivalien

StAAugsburg: Kurbayerische Herrschaften, Akten 1835 (Floßfahrten auf der Wertach bei Türkheim 1742 – 1766)
StAAugburg: Bezirk Schwaben 14064 (Die Floßfahrt auf der Wertach)
StAAugsburg: Fürststift Kempten, Archiv Akten 1967
StAAugsburg: Fürststift Kempten, Archiv Akten 2335

mehrfach zitierte Literatur:

Josef Deißer: Trift und Flößerei auf Lech und Wertach, in: Alt-Füssen 3 (1927), Nr. 20/21-23/24, 4 (1928), Nr. 1/2-7/8

Rolf Kießling: Augsburgs Wirtschaft im 14. und 15. Jahrhundert, in: Geschichte der Stadt Augsburg von der Römerzeit bis zur Gegenwart, [2]1985, S. 172

Karl Filser: Flößerei auf Bayerns Flüssen, 1991

Hans Ruf: Die Wertach – Das Sorgenkind Türkheims in früherer Zeit, in: Türkheimer Hweimatblätter Nr. 9 + 10, September + Oktober 1972

Robert Tapp u.a.: Die Wertach, [3]Augsburg & Nürnberg, 221

L. Weißflach: Die Wertachflößerei, in: Kaufbeurer Geschichtsblätter, Bd. 8, Nr. 4, 1978, S. 111-115

Bisher erschienen

1. Der Prozess gegenLudwig Freiherr von Vogelsang und seine Frau Vera, geb. Waibel
2. Türkheim in der 1. Hälfte des 20. Jahrhunderts
3. Die Umpfarrung der Protestanten in Türkheim aus der Pfarrei Langerringen in die Filialkirchengemeinde Mindelheim
4. Amberg – Anmerkungen zur Geschichte eines schwäbischen Dorfes
5. Ostettringen, Piesternhof
6. Die Kapuziner in Türkheim im 20. Jahrhundert
7. Beiträge zur Geschichte von Türkheim